博古知识画库·青少年必读

讲古巾帼英雄
评说女子风采

王金泰 编绘

科学普及出版社

·北 京·

王金泰简介

1945 年生于北京，号甫元，祖籍山东，当代书画家。中国少年儿童出版社副编审、《中学生》杂志编委、美术总监、中国少年儿童报刊工作者协会美术摄影专业委员会主任、中国美术家协会会员、中华孔子学会会员、中国书画家联谊会理事、中国茶禅学会会员。多年来，潜心研究中国画尤擅人物。不论古今，无分中外，广泛涉猎，刻意求新，在艺术创作中独具个性。用笔简练潇洒又不失传统法度，笔情墨意，极富内涵。画面既充满中华文化的书卷之气，又洋溢着无限的童真和神韵，显示着悠久的文化意念与全新的时代风采。作品多次参加全国美术展览，并获国家级大奖。有大量作品赴日本、古巴、新加坡、捷克、瑞士以及中国香港和台湾等国家和地区展出，颇受好评。其中代表作之一《人民艺术家老舍》参加 1992 年"首届老舍国际研讨会"，受到与会各国专家学者的高度赞扬，著名学者赵朴初特地为此画题了诗。

1995 年获"当代书画艺术名人"称号，并入选瑞士《国际艺术名人录》、《中国当代艺术界名人录》；入编《辉煌成就、世纪曙光》（2000 年珍藏版）大型系列丛书及《中国专家大辞典》等典籍。艺绩曾被中央电视台、北京电视台、中央广播电视台及《人民日报》、《中国日报》（英文版）等数十家媒体介绍。

目录

其他编撰协助人员：

赵淑贞　　王 然　　刘翠萍
钟 变　　金 沙　　刘 顾
王 宇　　葛一萱　　闫玉清
葛 林　　王维平　　刘梦遂
许秀芝　　郑长顺

图书在版编目（CIP）数据

讲古巾帼英雄：评说女子风采 / 王金泰编绘. —北京：科学普及出版社，2010.1
（博古知识画库. 青少年必读）
ISBN 978-7-110-07201-1

Ⅰ.讲… Ⅱ.王… Ⅲ.女英雄 – 生平事迹 – 中国 – 古代 – 青少年读物 Ⅳ.K828.5-49

中国版本图书馆 CIP 数据核字（2009）第 232234 号

科学普及出版社出版
北京市海淀区中关村南大街 16 号　　邮政编码：100081
http://www.kjpbooks.com.cn
电话：010-62173865　传真：010-62179148
科学普及出版社发行部发行
北京长宁印刷有限公司印制

开本：787mm×1092mm　1/16　印张：5
2010 年 1 月第 1 版　2010 年 1 月第 1 次印刷
印数：1-5000 册　定价：19.80 元

本社图书贴有防伪标志，未贴为盗版

（凡购买本社图书，如有缺页、倒页、脱页者，本社发行部负责调换）

中国古代第一个女皇帝
——武则天

武则天（624年2月17日—705年12月16日），名曌，汉族。中国历史上唯一的女皇帝，也是继位时年龄最大的皇帝（67岁继位），又是寿命最长的皇帝之一（终年82岁）。唐高宗时为皇后（655—683年）、唐中宗时为皇太后（683—690年），后自立为武周皇帝（690—705年），705年退位。

高宗时武氏尊号为"天后"；高宗崩，中宗即位，武氏为皇太后；武氏临朝称帝后改名曌，曌字是武则天自己编的。她自诩非常聪明，双眼像太阳一样照耀天空。称帝后上尊号"圣神皇帝"，退位后改尊为"则天顺圣皇后"。武氏另有废除的尊号"圣母神皇、圣神皇帝、金轮圣神皇帝、越古金轮圣神皇帝、慈氏越古金轮圣神皇帝、天册金轮圣神皇帝、则天大圣皇帝、则天大圣皇后"等。史书通常称武氏为"武则天"或"武后"。她的一生是在激烈的政治斗争中度过的。她执政期间注重人才，努力发展农业生产，社会比较安定。历史学家对她的评价褒贬各半。

武家有美女，应诏入宫帏

　　武氏的父亲武士彟曾经做木材生意，赚了许多钱，因此家境非常富裕。隋朝末年，李渊与武家关系密切。在李渊镇守太原时，曾提拔武士彟做了个行军司铠参军。李渊在太原起兵反隋以后，武家曾资助过钱粮衣物，故唐朝建立以后，曾以"元从功臣"历任工部尚书、黄门侍郎、库部侍郎、判六尚书事、扬州都督府长史、利州（今四川广元）和荆州（今湖北江陵）都督等职。

　　武则天，原来名叫武明，自幼聪慧伶俐，极善表达，胆识超人。她从小不习女红，唯喜读书，故知书达礼。历史记载，武则天十三四岁时，已经博览群书，博闻强记，诗词歌赋也都有一定基础，而且擅长书法，字态与众不同。父亲觉得她是可造之才，于是便进一步教她读书深造，以便使她懂得世理。童年时代，她还经常随父母游历名山大川，这更使她增长了阅历、开阔了眼界和增长了才干。由于家势显赫及生活奢侈，从小还养成了强直的个性和滋生了无限的权力欲。然而，初唐时期极其重视出身门第，而武氏的庶族门第，低微的出身，使她饱尝了世俗的白眼。为了改变这一境遇，少年时代的武则天渐渐产生了狂妄地去追逐和攫取最高权力的欲望、唯我是从的蛮横和冷酷而不择手段地去报复一切的心理。

　　14岁时，她就出落得非常俊美，婷婷玉立，一副倾国倾城的模样。于是"武家有美女"的消息不胫而走，一传十，十传百，最后传到唐太宗李世民的耳朵里。唐太宗急忙派太监飞马传诏：封武则天为"才人"，即刻入宫。母亲听诏后，深知皇

武家有美女，婷婷玉立一副倾国倾城的模样。

宫后宫嫔妃争宠的痛苦，非常不愿女儿进宫，但皇命不可违抗，于是便抱着女儿痛哭。然而，武则天却很平静，笑着劝母亲说："母亲不必悲伤。依女儿看来，这不一定是坏事。此番女儿进宫后，只要事事察言观色，处处小心侍候，定能博得皇上的欢心。到时候说不定还能光耀门庭，尽享荣华富贵呢。"

武氏进宫后，行事干练，善解人意，再加上姿色娇艳，很得唐太宗欢心，遂又赐号"媚娘"。入宫一段时间后，唐太宗又发现武媚娘学识也很好，且懂礼仪，便把她从服侍穿衣的行列，调入御书房侍候皇帝的文墨。这一变故使武则天开始接触皇家公文，了解了一些宫廷大事，并能读到许多不易得见的书籍典章，眼界顿开，渐渐通晓官场政治和权术。

太子探父病，武媚传真情

公元643年，唐太宗年老多病，立长子李治为太子。这时，武媚娘已经是快20岁的女子。李治早已听说武媚娘的美貌，成为太子后常常以探父病为名，进宫向武媚娘

太子李治借探父病向武媚娘眉目传情

献殷勤。

李治为什么不顾伦理道德追求武媚娘呢？这是因为武氏除貌美外，还极富坚强、独立的表现欲。所以，李治一看到武氏楚楚动人的模样，马上被深深吸引住了，史书记载"悦之"，也就是一见钟情。武则天心里明白，皇帝很快就会归天了。以武媚娘的性格，明知太子对她有情，必定会积极促成这段感情进一步向前发展，主动去迎合太子，把"悦之"变成深深的两情相许。在唐太宗的病榻之前和太子偷情，这需要怎样的勇气啊？武媚娘做到了。唐太宗死后，李治即位，武媚娘则进了感业寺出家。这时，李治对武则天并没有做什么特殊安排，他还要忙着处理军国大事呢。因为是青年登基，要面对整个大唐帝国，他很紧张，深怕自己办不好。以前他父亲是三天一上朝，他规定自己每天都上朝，接见文武大臣，了解民情，立志当一个好皇帝。可以说，在皇帝的心里，江山总比美人更重要一些。但是，武媚娘的非凡之处在于，她即使身处逆境，也不放弃希望。在感业寺中，武媚娘不甘寂寞，努力维持着不绝如缕的感情，让它继续牵动着李治的心。史料中记载，她曾为李治创作了一首情诗《如意娘》，诗曰："看朱成碧思纷纷，憔悴支离为忆君。不信比来常下泪，开箱验取石榴裙。"

李治终于被打动，决定来看她了。永徽元年（650年）五月二十六日，唐太宗周年忌日这天，李治到感业寺行香来了。忌日行香，是唐朝社会的风俗。根据当时的礼仪制度，皇帝死后的周年，继位的皇帝要到寺院上香，为先帝祈福，同时表达自己的思念之情。行香是固定仪式，但到哪个寺院行香就由皇帝决定了。李治放着长安城里那么多的名寺不去，偏偏选择武则天所在的感业寺，显然，他没有忘记她。进入感业寺后，根据《唐会要》记载："因忌日行香见之，武氏泣，上亦潸然。"意思是说，两个人相见，泪流满面。李治是一个温柔多情、有浪漫气质的青年，经过武媚娘这么一番激情表演，李治的心被彻底俘虏了。后来，李治力排除众议立她为皇后，这是后话。

王皇后举武氏，打击情敌淑妃

王皇后约出生于628年，15岁时（642年），嫁给了晋王李治，册封为晋王妃。王皇后貌美且多才艺，性情贤淑。李治仁孝宽厚，若李治不当皇帝，小两口"才子配佳人"式的生活会很甜蜜的，会相敬如宾地过一辈子。唐太宗死后，李治继位，史称高宗。丈夫登基后，王氏虽然当上了皇后，但皇帝毕竟要有三宫六院。

最先成为王皇后竞争对手的是萧淑妃。唐制，帝有一后、四妃，分别是贵妃、淑妃、德妃、贤妃，萧氏为淑妃，排位在贵妃之后、与皇后差两级。同萧淑妃相比，王皇后的人品及才貌均不比萧妃差，但遗憾的是王皇后没有生育后代。古人有云"不孝有三、无后为大"，在宫中作为皇后，也是母以子贵，没有生育皇子的皇后同样是朝不保夕的，为了保住皇后的位子，便认了宫女刘氏所生的燕王李忠为养子。当时高宗有三个皇子，燕王李忠、原王李孝、泽王李上金。古时是讲究出身的，皇后的儿子叫嫡子，嫔妃的儿子叫庶子，作为刘氏这样几个月都见不到皇帝面的宫女所生的皇子就显得微不足道了。皇后与刘氏来往较密切，经协商便收李忠为养子。这样，一方面皇后可以巩固自己坤载万物的地位，李忠可以皇后子的名义继承皇位，君临天下；另一方面刘氏有子为帝，地位也当从此刮目相看。所以，王皇后与刘氏的交易，是双方得利，自然一拍即合。

在王皇后的请求下，武媚娘再次入宫。

　　高宗继承王位后非常宠幸萧妃，萧淑妃为高宗产下一子后，更是恃宠而骄，与王皇后不合。此时皇上也渐渐冷落了王皇后，王皇后经常连续几天都见不着皇帝的面，心里非常苦恼。一天，她把太监叫来，探听皇帝的行踪。经过一番呵斥，太监道出了这几天皇上心里烦闷到感业寺去会武媚娘，经常是深夜才回宫。

　　王皇后听后又惊又喜，惊的是皇上竟不顾伦理道德，勾搭先皇的妃子；喜的是她忽然想出了一个对付萧妃的法子。于是便主动向高宗请求将武媚娘纳入宫中，企图以此打击她的情敌萧淑妃。其实唐高宗早有此意，尽管此时武媚娘比他大四岁，当即应允。永徽二年（651年）五月，唐高宗的孝服已满，便召武媚娘再度入宫。武氏再次入宫，深感不易，而且对于宫闱后妃争宠她有颇多心机。一开始，为报恩，她努力巴结王皇后，对王皇后毕恭毕敬，屈体侍奉，她这一招很得皇帝和王皇后的喜欢，很快晋升为昭仪（正二品），位于九嫔之首，仅次于皇后和四妃。然而，王皇后低估了武则天的能量，本来招武则天入宫，是为了夺取皇上对萧妃的宠幸，出自己胸中的闷气，谁知到竟是引狼入室，使自己和淑妃一起失宠了。

武昭仪施毒计，除掉王皇后

　　武氏回宫后，由于获得皇上和皇后的欢心，很快被册封为昭仪。高宗有了武昭仪，果然疏远了萧妃。王皇后见报复成功，起初心里特别高兴，可是自己并没有得到皇上的宠幸，皇上却对武昭仪喜爱有加。于是便对武昭仪嫉妒起来，想尽办法挑拨高宗与武昭仪的关系。结果被诡计多端的武昭仪察觉了，暗下决心除掉王皇后。

　　武则天与唐高宗共生下4男2女，唐高宗总共有12个子女，后面6个全是武则天所生的。武则天独得皇上之宠的情形可见一斑。武则天为了要除掉王皇后，在后宫进行了大

肆活动，如笼络人心，发现与皇后、淑妃不和的人，就竭力拉拢，施以小恩小惠将其安插于皇后和淑妃周围，寻找机会取而代之。起初，武则天利用王皇后与萧淑妃的争宠，联合王皇后攻击萧淑妃，已经使之被废为庶民。

　　大约在永徽五年（654年）初，武则天第二胎生下一位公主，很讨人喜欢。唐高宗视她如掌上明珠。有一天，王皇后来看望，武氏马上计上心来，借故躲开。王皇后自己没有子女，很喜欢小孩，就把武氏生的女婴抱起来逗弄了一会儿，小孩便沉沉睡去。见武氏还没有回来，于是王皇后便离开了。武氏见皇后离去便出来，狠心地把自己刚出生不久的女儿扼死在襁褓之中。武则天为加害别人，竟然残忍地断送了小公主的性命。等高宗退朝来到后宫看望女儿时，武氏装作若无其事地说孩子还在熟睡，让宫女去抱过来，当宫女惊慌失措归来报告说孩子已经死了，武氏立时顿足大哭，追问到底是怎么回事。听说只有王皇后来过，

武则天第二胎生下一位公主，很讨人喜欢。

于是添油加醋地向高宗诉苦，说王皇后自己不能生育便嫉妒别人。在武则天的怂恿下，高宗皇帝十分愤怒，于是便产生了废后的想法。但是废后属于国家大事，褚遂良、长孙无忌等元老重臣坚决反对，因为太宗皇帝临终语重心长地把这对"佳儿佳妇"托付给这些老臣。但是，武氏很善于拉拢人，也很善于打击反对者，在许敬宗、李义府等人的支持下，终于废掉了王皇后，并且很快被确立为六宫之主。

武后得志后，本来就一直被冷落的萧淑妃也同王皇后一起被打入冷宫。有一天，武后拜谒家庙出宫。高宗忽然想起王皇后和萧淑妃的种种好处，于是来到幽禁她们的冷宫门前，见双门紧锁，只在旁边开了一个小洞，输送的饮食尽是粗茶淡饭，不由得黯然神伤。近在咫尺，不能相见，只能隔着门扉说上几句话。不想武后回来很快就知道了这件事，怒从心头起。于是，下诏杖二人百下，而且下令把她们的手足截去，投入酒瓮之中，说是要令二妃"骨醉"，可怜这两位美人受尽折磨才总算毙命。

武皇后垂帘，听政理国事

显庆五年（660年）以后，高宗因头痛病经常发作，不能阅读文件，百官奏事，多令武皇后处理。高宗本来生性懦弱，优柔寡断，而武后又喜欢独断专权，索性与高宗一起上朝垂帘听政，史称二圣临朝。高宗称天皇，武后称天后。武皇后听政后更有恃无恐，朝政每每令行禁止都是她说了算。对于武则天的擅权作威作福的行为，高宗很是气愤，曾密令上官仪起草诏书废黜武后。武后在皇上左右安排的线人立即将此事告知，武后马上找到高宗质问，为什么要这么做。高宗见事情败露，惊慌中竟然对武后说："这些都是上官仪教朕干的。"于是武后立即让人罗织罪名，杀掉了上官仪等人。从此人人惧之，政归武后，高宗遂成为傀儡皇帝。

按宫廷旧规，皇后不得与大臣直接面对。武皇后听政十年、执政十年，她接待臣下和接受朝臣、万邦使者的朝觐，与大臣处理政务或离开宫殿出外活动，与臣民之间总有帷幕遮挡，即使到泰山封禅，也是由宦官支应着，在帷幕内行礼。这时她尚无做皇帝的想法，仍以皇后和太皇太后的身份出现，这也是在封建社会，她不得不向传统低头的无奈之举。对于一个女人来说，"垂帘听政"已到了女人掌权的最高峰。

武则天不负众望，甚至出乎大家的意料，她对百官的奏文裁决得即迅速又正确，早

唐代大明宫复原图

朝的气氛也因为她的英明果断而充满活力。这与高宗只会点头，把一切事情都交给宰相处理，相比之下更加显得精明干练。大臣们这时才认清眼前的这个女人，她不但漂亮，而且还有政治头脑与手腕。她美丽的外表下隐藏着的聪明睿智，让这帮朝中大臣们不得不佩服与敬畏。

武则天临朝听政后，也提出一些好的治国办法，如著名的建言十二事，其主要内容是：劝农桑，轻赋税，息兵戈，以德化天下，增加官俸，量才擢升官吏，广开言路，杜绝谗言，禁免浮华淫巧和大兴土木等。这些措施，有力地保证了大唐自贞观之治以来的既定国策得以继续，使唐王朝仍然保持着繁荣发展的局面。接着，武则天又着手调整宰相人选，罢免了若干老朽、不听话的资望高深的宰相，把支持过自己的许敬宗、李义府等下层官僚提拔到重要岗位上来。经过一番努力，武则天基本上控制了唐王朝的政权。

高宗病逝后，太子李显继位，即中宗。武则天继续以皇太后身份临朝听政。之后，她不满中宗重用韦皇后的亲戚，就废黜了中宗，改立自己的四子李旦为皇帝，即睿宗。不过她规定睿宗不许干预朝政，一切由她作主，实际睿宗也是个傀儡。

高宗病逝后，太子李显继位。武则天继续以皇太后身份临朝垂帘听政。

武则天登基，国号称"武周"

公元690年9月，武则天废黜睿宗，登基称帝，改国号为"周"，史称武周，改年号为"天授"，自尊号为"圣神皇帝"，成为中国历史上唯一的女皇帝。她登位时已经67岁，是中国历史上即位时年龄最大的帝王。

武则天能当上皇帝，是她精心谋划来的。

首先，在王位的继承上，高宗想传位于长子李弘。李弘虽然是武则天的儿子，由于他不听指挥，武后则不念母子之情，将李弘毒死，改立次子李贤为太子。李贤被高宗委以临国之任，处理政务颇为精干，武后则认为是自己从政的绊脚石，于是又将李贤贬为庶人，立三子李显为太子。弘道元年（683年），高宗驾崩，中宗李显继位，武后以皇太后名义继续临朝。一年后又废掉中宗，改封立四子李旦为帝，称睿宗。李显、李旦都是昏庸无能之辈，临朝称帝也是个傀儡。

其次，是改皇家《氏族志》为《姓氏录》。原来的《氏族志》武氏是不能列入的，在《姓氏录》中，她将武氏家族定为第一等，不过这并没有改变李姓的门阀观念，只是武则天为了提高武氏家族的地位。

再次，是变更都名，改东都洛阳为神都，这是为自己登基称帝，建立新秩序迈出的重要一步，是向举国表示自己大位一统至高无上的权力。

武后的这些新政措施，很快遭到皇族李氏和许多士族官僚的反对，在全国掀起了讨武的浪潮。首先是柳州刺史，唐初元勋徐世绩之后徐敬业，召十数万兵马率先于扬州发难；接着宗室琅玡王李冲在博州，越王李贞在豫州也相继反武，举兵讨伐。武后对此毫不手软，坚决镇压，在她的直接指挥下，这些叛乱很快被平息。徐敬业、李冲、李贞等主要发难者，或死于战场，或被捕杀之，无一幸免。之后的广泛株连，恐怖的斩杀，充分地暴露出武后的冷酷手段。

公元690年，武则天认为亲临帝位的条件成熟，先借佛僧法明之口，广造舆论说："武后为弥勒佛转世，应代唐为天子。"接着又一手导演了以睿宗为首的六万臣民上表劝进，请改国号的等举措。至此，水到渠成，武后在"上尊天示"、"顺从众议"的"万岁"声中，登上皇帝的宝座，实现了梦寐以求的夙愿。如果说，武则天在称帝前三十余年参政执政的政治生涯中，已显示出惊人的政治谋略和手段。那么，在称帝之后的十余年中，则更充分地显示了她在用人、处事、治国等各个方面杰出的政治才能和政治家的气魄。

公元 690 年武则天临朝称帝，时年 67 岁。

使用小人酷吏，大搞恐怖统治

武则天统治时期是唐王朝一个特殊时期，废李姓，改由武姓掌权。由于自己长期在朝中专权，在宫内行为不端，她知道李姓宗室大臣都非常怨恨她。称帝以后，总是怀疑天下人多半想谋害自己。为牢牢把握唐王朝的最高统治权，她采用了实施阴谋诡计、滥用酷刑以及重用酷吏等手段。为了清除"持不同政见者"，她起用了周兴、来俊臣等小人，大兴告密之风，捏造罪名，杀戮李唐宗室子孙和无辜臣民，形成了长时期的恐怖统治。

武则天在朝堂之上设立了一个铜制的告密箱，是专门装告密信的。明确规定：任何官员不得过问此事，凡告密者，不论出身贵贱，职务高低，一律按照五品官员的标准供奉；告密有功的破格升官，失实的也不追究责任。一时"四方告密者蜂起，人皆驻足屏息。"

当时李唐家族的一些权贵们个个如临深渊，惶惶不可终日。被武则天重用的索元礼、周兴、万国俊、来俊臣等小人借告密之事大发横财。由于武则天授予他们特权，只要他们看着不顺眼就乱捕乱抓，动辄就大施酷刑。周兴、来俊臣等人还编写了《告密罗织经》，对如何编造罪名下了一番苦工夫，然后叫他们的爪牙们去兴风作浪。还创制了"驴驹拔撅"、"猕猴钻火"、"凤凰亮翅"等酷刑和"求既死"、"死猪愁"等刑具。

不过，武则天有时为了平息当时人们的不满和怨恨，装模作样地下旨来赦免一些犯人。不过每次赦令来到之前，来俊臣等奸人就先把重犯杀死，然后宣布赦令。武则天不但对此不管，反而认为来俊臣忠心耿耿，更加宠信。

有了武则天的撑腰，来俊臣等奸人更加有恃无恐。特别是来俊臣这个奸人，害人尝到甜头，于是变本加厉，迫害的对象越来越升级，最后他竟胆敢打起了武氏诸王和太平公主的主意。可这次他遇到了对手，这些人哪会买来俊臣的账，没等来俊臣动手，诸王以其道还治其人之身，先下手告他图谋不轨，把来俊臣下了大狱。本来武则天想保护来俊臣，可当她得知天下人无不痛恨来俊臣的时候，她作出了另一个决定，让来俊臣当替罪羊，以平息天下的怨气。于是，他不但要杀来俊臣，还要诛杀来俊臣九族。来俊臣的疯狂遭到了应有的报应。他在街市上被斩首时，仇人争相来吃他的肉，转眼间就吃完了。他遭到如此的下场也是罪有应得了。其实，兴告密、施酷刑，来俊臣只是打手，而武则天才是真正的后台。来俊臣等一批酷吏的存在，不能不说是武则天政治上的一大败笔。

开创殿试制度，不拘一格选人才

武则天称帝后，李家的陈公们她不信任，为了培植、扩大自己的势力，大批录用有才的下层人员，并把此项政略看成治国之本，天子之责。为了招募人才，一方面，武则天在洛阳亲自考核贡士，以示重视，开创了殿试制度。她又专门设置武举，选拔有武艺的人做官。她还允许各级官吏和百姓自行荐举。另一方面，她以修书为名，广泛召集有才学的文人进宫，为朝廷出谋划策，协助宰相，处理奏章，称之为北门学士。她任用人才不拘一格，不注重门第，大力提拔新人，知人善任，所以她当政期间，人才济济，不比贞观时期逊色。从高宗驾崩到中宗复位的21年间，她曾任用宰相70多人，大多为一代名臣良相，其中著名的有李昭德、魏元忠、苏良嗣、狄仁杰、张柬之等等。许多人，如姚崇、宋景等人在他死后仍发挥着重大作用。武则天举才甚至不记仇怨，像著名的仇家之后上官婉儿（其

武则天重用的周兴、来俊臣等小人滥施酷刑，借告密之事大发横财。

父上官仪曾拟诏废武后）、广武公等都被委以重任。不过她一旦发现官员不称职，又会立即将他们罢免、降职、甚至诛杀。

在这里要特别说一下狄仁杰。武则天称帝前后，李唐宗室大臣多被陷害，唯有狄仁杰以忠直闻名而得以保全。狄仁杰敢于直谏，有许多建议被武则天采纳；狄仁杰还推荐了不少德才兼备的人才，武则天都一一重用。其中，张柬之是典型的一例。武则天建武周之初，要狄仁杰给她推荐栋梁之材。狄仁杰问，打算给他什么职位？武则天说是将相之职。于是狄仁杰推出张柬之，奏曰："荆州刺史张柬之，年纪虽老，却是真正的宰相之才。此人怀才不遇很久了。如果用他为相，必然尽忠于国家。"张柬之689年以贤良应召入京，当年70余岁，在对策千人中，被武则天定为第一，授官监察御史。后因违抗武则天的旨意，被逐出京师到地方做官，任洛州司马。不久，武则天又向狄仁杰要贤才。

狄仁杰说："上一次为您推荐的张柬之还没有重用呢！"

武则天说："已经重用了。"

狄仁杰答："臣为您推荐的是宰相之材，让张柬之做洛州司马是大材小用。"

武则天又要姚崇推荐宰相之才，姚崇也推荐张柬之，奏曰："张柬之厚重有谋略，能断大事。"武则天于当日召见了张柬之，职拜同凤阁鸾台平章事。

晚年无力回天，大权归还李唐

武则天为了巩固了自己的权势和皇位，试用了酷吏政治，维护了武周统治多年，但在她身后皇位继承问题上，却使她左右为难。

公元698年，武则天身体状况越来越差。为了接班人选，群臣奏请武则天召庐陵王李显回京，当时的太子李旦也请求把太子之位还给兄长。武则天接受了群臣的建议，宣召李显回京，并立为太子，封李旦为相王。她怕自己去世后李唐宗室不容武氏，便命太子、相王、公主与武氏祭誓明堂，立下铁券，藏入史馆，永相和好。

704年12月，80岁的武则天病卧长生殿，朝上无主，宰相也难见到女皇，只有男宠张易之和张昌宗兄弟服侍在女皇身边。一场宫廷政变正在酝酿中。二张怕女皇去世后，大祸降在自己头上，便竭力笼络御林军将帅和大臣们以防不测。不过不管二张怎样表演，被压制已久的文臣武将还是开始了在暗中的行动。一方面，调兵遣将；另方面，不断有人散布流言，说："易之兄弟谋反！"一时竟是山雨欲来风满楼。宰相张柬之乘势积极联络忧心国事的同仁志士桓彦范、敬晖等人，分别任命桓彦范、敬晖为御林军的左、右卫将军，还任命李多祚为北门卫将军，牢牢控制了各支御林军，以备进行宫廷政变。

705年正月，李多祚、王同皎奉"旨"到东宫迎太子李显到玄武门，桓彦范、敬晖和李湛等领御林军1500人闯入皇宫。桓彦范斩门卫率先进入内廷，指挥包围了长生殿。当时女皇已经移住在集仙殿，李多祚率队入殿，正遇到张易之和张昌宗，二话不说挥刀斩了二张。

武则天听见动静，问："出了什么事？"赶到床前的张柬之答："二张谋反，臣等奉太子令诛杀奸臣！"李多祚说："诸将诛逆臣，恐走漏消息，没有预先奏报，请处臣死罪！"见李湛也在人群中，武则天冷冷地说："我对你父子不薄，你也参与了这种事？"又对太子李显说："是你啊？逆子，可以诛掉，于你无罪，回东宫去吧。"桓彦范上前说："太

武则天开创殿试制度，不拘一格选拔人才。

子不能回宫，当年先皇将爱子托付陛下，如今久居东宫，仍然为太子。臣念先皇恩德不愿动刀枪，现在臣等奉天意，请陛下传位！"

武则天意识到这一切都已成为事实，她就闭上眼睛不再发话。于是众臣拥李显登上皇帝位，恢复大唐国号，改神都仍为东都。武则天即日移居上阳宫，被封为"则天大皇帝"。是年11月，武则天病死上阳宫，终年82岁。706年10月，中宗迁都长安，重新开始了李唐统治。

中国古代杰出女军事家
——梁红玉

梁红玉(1102—1135年)，宋朝著名抗金女英雄。原籍安徽池州，生于江苏淮安。曾为营妓，后结识韩世忠。梁红玉感其恩义，以身相许。建炎三年,在平定苗傅叛乱中，她一夜奔驰数百里召韩世忠平叛立下殊勋，因此被封为安国夫人和杨国夫人。后多次随夫出征。在建炎四年长江阻击金兵的大战中，亲自击鼓和韩世忠并肩指挥作战，将入侵的金军阻击在长江南岸达48天之久，从此名震天下。以后与韩世忠转战各地，多次击败金军。绍兴五年随夫镇守楚州，"披荆棘以立军府，与士卒同力役，亲织薄以为屋。"一次转战中遇伏，遭到金军围攻，力尽伤重落马而死，终年三十三岁。金人感其忠勇，将其遗体示众后送回，朝廷闻讯大加吊唁。1151年，韩世忠病逝。夫妇合葬于苏州灵岩山。

夫妻相惜并肩建奇功

宋徽宗年间，梁红玉出生在安徽贵池县武将世家，自幼随父兄学得了一身的好武艺，受到了忠君爱国的思想熏陶。宣和2年，睦州农民方腊，号召民众造反，响应者数十万，接连攻陷州郡，官军屡战不胜。梁红玉的祖父和父亲因在平定方腊之乱中贻误战机，获罪被杀。梁家从此败落，梁红玉也沦落为京口营妓，即由各州县官府管理的官妓。虽为营妓，但平时还是不忘研读兵书，琢磨用兵和布阵；她天生有股神力，能挽强弓射箭，每发必中；虽然沦落风尘，但毫无娼妓之气，平常对来营妓的纨绔子弟从不正眼相看。妓院老板一方面见她如此了得，另一方面看她是将门之后，也不敢强迫她接客。

为平定方腊之乱，朝廷命童贯、谭稹统率大军前去镇压，最后方腊被一位小校韩世忠所捉。这应是奇功一件，然而却被童贯、谭稹将功劳算在他们两人身上。韩世忠是陕西延安人，虎背熊腰，一身是胆，为人耿直，尤其喜欢济人急难，是一个正直而勇敢的英雄人物。童贯平定方腊后，班师回朝，行到京口，举行庆功会。在大摆酒宴中召营妓前来陪酒，梁红玉与诸妓女被召来侍候。韩世忠由于功劳被别人夺去十分懊恼，在酒席上，当众多将领大吹大擂的欢呼畅饮中，唯有他闷闷不乐，这引起了梁红玉的注意，前来与他共饮；梁红玉那飒爽英姿，不落俗媚的神气也引起了韩世忠的注意，在交谈中两人暗有爱慕之心。随后韩世忠将她收入军中。梁红玉比较爽快，经过一段相处后愿以身相许。当时韩世忠只是一名小军官，不敢答应。在韩世忠的眼中，梁红玉并不是一般的风尘女子，她的过人之处不是一般人可比的。后来韩世忠升为将军，原配夫人白氏死后，才正式迎娶梁红玉为妻。

婚后两人相亲相爱，并肩转战各地。韩世忠善于用兵，作战勇敢，自有了梁红玉的帮助后，打起仗来更是格外用心。韩世忠的队伍纪律严明，他又爱兵如子，受到了全体将士的拥戴；在战争期间，梁红玉时时刻刻不离韩世忠左右，帮丈夫出谋划策、攻城夺地，因此屡建战功。后来韩世忠当了大元帅，谁都知道，这里面有梁红玉的功劳。

战争期间，梁红玉时时刻刻不离韩世忠左右，帮丈夫出谋划策、攻城夺地，因此屡建战功。

搬救兵临安平叛乱

　　北宋灭亡，金兵对汴京进行了大肆掠夺后退走。高宗撤到江南，建立南宋，定都临安，也就是今天的杭州，于是改汴京为开封，让宗泽在开封留守。宗泽多次上奏朝廷，请求收复北方失地，宋高宗赵构置之不理，情愿苟安在江左。宗泽临死时还大呼："过河！"成为千古憾事。南宋不去收复北方失地，金军就越发猖獗，不断发兵南侵，宋高宗赵构畏敌如虎，几次出逃。建炎三年，金军在粘木罕的带领下由彭城取泗州，直抵楚州，南宋局势岌岌可危。这时，南宋都城临安御林军统制苗傅与威州刺史刘正彦以为有机可乘，便拥兵作乱，偷袭杀了执掌枢密的王渊，又分头捕杀了宦官，强迫高宗让出帝位给皇太子赵敷，由隆裕太后垂帘听政。此时赵敷还是个娃娃，他们以为妇人孺子执政，可以为所欲为。在这次叛乱中，在秀州拥有重兵的韩世忠夫人梁红玉和他们的儿子也被扣压在内。

　　韩世忠起兵后，和梁红玉两人相亲相爱，转战各地，后来梁红玉有了身孕，便留在了京城。苗傅和刘正彦兵变后也将梁红玉母子扣押为人质。但韩世忠善于用兵，作战勇敢，声威远近闻名，苗傅等人对他颇为忌惮，因此对梁红玉母子还是很客气，不敢加害于她们。

　　临安事变发生之后，宋高宗被软禁起来，毫无自由。宰相朱胜非与隆裕太后暗地里进行了密密策划，决定派梁红玉出城前往秀州，调韩世忠火速进兵解临安之危，平定苗傅与刘正彦发动的叛乱。在梁红玉即将出发时，隆裕太后赐封梁红玉为安国夫人，赐封韩世忠为御营平寇左将军。这里商量妥当后，宰相朱胜非就对苗傅说："韩世忠听到事变后，不立即前来救驾，说明他正在犹豫，举棋不定，如果你能派他的妻子前往秀州，劝说韩世忠投奔于你，那么你的力量就会大增，别的人你也就用不着惧怕了。"苗傅听后大喜，认为这是一条好计，立即答应派梁红玉出城。梁红玉回家抱了儿子，跨上马背，出临安城疾驰而去，经过一昼夜马不停蹄奔波赶到了秀州。在梁红玉向丈夫韩世忠说明了一切情况后，韩世忠当即调动刘浚、刘俊的人马，星夜向临安进发，假借投降杀了苗傅等人，平定了叛乱。平叛胜利后，宋高宗喜出望外，亲自到宫门口迎接他们夫妇，立即授予韩世忠武胜军节度使，不久又拜为江浙制置使。

梁红玉回家抱了儿子，跨上马背，出临安城疾驰而去，经过一昼夜马不停蹄奔波赶到了秀州。

施巧计击鼓抗金兵

一波未平，一波又起。南宋内乱，正好给了金军可乘之机。1129年10月，金军完颜宗弼（即俗称的金兀术）率兵再次南侵，长驱直入攻进江浙。宋高宗对付的唯一的办法就是逃跑。先从杭州逃到明州（今浙江宁波），再从明州逃到海上。辛亏金兵水军不行，才让高宗勉强保住了老命。

当金兀术率十万大军进犯镇江时，韩世忠时任浙西制置使，立即率八千水军在镇江奋力拦截抵抗。在敌众我寡的情势下，梁红玉提出了伏兵克敌之计，韩世忠听了，心中大喜，两人合计一番后，随即进行了人马的调动埋伏。一切准备停当后，韩世忠亲率战船，诱敌深入。当时杭州一带，河流纵横交错，地形错综复杂，金兵不熟悉水战，当他们进入了伏兵地方后，梁红玉则亲自在金山之巅的妙高台擂鼓指挥。一通鼓响，韩世忠立即指挥水军，扯帆驶出鲇鱼套芦荡，迎战金军。二通鼓响，韩世忠佯装失利，且战且退，转眼间战船便隐进了芦苇荡，金兀术紧紧追赶，追进了芦苇荡。梁红玉在山顶上看得一清二楚，随即挥舞令旗，擂响三通战鼓。随着震天动地的鼓声，芦苇荡里埋伏的战船都"嗖嗖"地飞了出来，宋军水兵惯熟水性，有的钻进深水，用凿子凿穿金兵的船，有的用火箭、火炮猛击金兵。金军的十万人马，多是"旱鸭子"，被打死、淹死、打伤大半，溃不成军，逃到黄天荡，韩世忠又将金兵围困于黄天荡四十八天，狠狠打击了金军的嚣张气焰。

金军遭到重挫，大出金兀术所料。于是他妄图采取和谈的手段，派使者对韩世忠说，只要韩世忠肯放他们一条生路，他愿意归还所有在江南掠夺的财物，另外还送给韩世忠名马作为谢礼。韩世忠一口回绝。金兵只得在长江上且战且走。

金兀术在撤向建康的途中又遭到岳飞的阻击。不得已折回长江继续北渡。韩世忠水军多为海舰，形体高大，稳定性好，攻击力强。为了发挥这个优势，韩世忠令工匠制作了许多用铁链联结的大铁钩，并挑选健壮的水兵练习使用，用以对付金军的小战船。四月十二日清晨，金水军首先发起进攻，韩世忠水军分两路迎战，陷敌人于背腹受敌的境地。南宋战船乘风扬帆，往来如飞，居高临下用大钩钩住敌船一舷，使劲拽，敌船便在顷刻之间倾覆。宋军再次大获全胜。

梁红玉亲自在金山之巅的妙高台擂鼓指挥

渡长江楚州建家园

　　绍兴五年（1135），为了阻止金兵再次南下，韩世忠主动向朝廷奏请，率兵渡过长江屯兵驻扎，皇上准奏。于是梁红玉随韩世忠率兵渡过长江驻守楚州（今淮安），并决定在当地创立军政府。准备在这里安营扎寨后，一边建立家园，一边垦荒，还一边抓紧练兵，防备金兵再次入侵。

　　楚州是梁红玉的故乡，她早就想回乡看一看了，现在这个愿望就要实现了，心里非常高兴。一到楚州地界，眼前的情景让他们惊呆了，由于长期的战乱，百姓流离失所，家破人亡；遍地荆棘，百里渺无人烟，眼见生活和生产条件都十分恶劣。夫妇商量首先建立起军政府，然后再解决吃饭和住房问题。商量好后，夫妻俩分头去做。韩世忠派出士兵到远方各地购买耕牛，其他大批士兵在驻地割草斩棘，准备开荒种地。

　　梁红玉更是亲临垦荒地，积极协助当地难民重建家园，亲自组织当地一些妇女，编织蒲草，建造新房子，安顿难民。由于她能与士兵同甘苦，不管刮风下雨，她都不休息，士兵没有不佩服他的，极大地鼓舞了士气。这里有吃有住了，许多难民纷纷归来，或种田或做买卖，楚州渐渐安定起来。韩世忠夫妇在楚州驻扎的十年，虽然驻军仅三万人，然而金兵由于害怕梁红玉、韩世忠夫妇不敢南侵，从而稳定了边陲。

韩世忠夫妇在楚州驻扎的十年，金兵由于害怕梁红玉、韩世忠夫妇不敢南侵，从而稳定了边陲。

中国古代第一女词人
——李清照

　　李清照（1084—约1151年），号易安居士，齐州章丘（今属山东）人。南宋女词人。父李格非为当时著名学者，丈夫赵明诚为金石考古家。早期生活优裕，与明诚共同致力于书画金石的搜集整理。金兵入侵中原，流落到南方，明诚病死后，处境孤苦。所作词，前期多写其悠闲生活，后期多悲叹身世，情调感伤，有的也流露出对中原的怀念。形式上善用白描手法，自辟蹊径，语言清丽。论其词强调协律，崇尚典雅、情致，提出词"别是一家"之说，反对以作诗文之法作词。她也能作诗，但保留下来的不多，部分诗篇为感时咏史，情辞慷慨，与其词风不同。她的作品有《易安居士文集》、《易安词》已失传。现存有《漱玉词》辑本及《李清照集校注》。

戏荷塘惊起一群鸥鹭

　　李清照的父母都精通古代诗文。父亲李格非曾任礼部员外郎等职，由于他能作诗文，博通经史，很受苏轼赏识。在父母的影响下，李清照从小就喜爱文学，阅读了大量的文学书籍，尤其在写诗填词方面，基本功很扎实。到了十五六岁，她更是整天不离诗文书画，把古今名家的诗词，读了一遍又一遍，抄了一本又一本。因此，李清照自幼便受到良好的家庭教育和文艺熏陶，是个多才多艺的千金小姐，大家闺秀。她常常自己填词作画，很是悠闲自得。在其前期词作《点绛唇》，字里行间曾流露出她童年的样子："蹴罢秋千，起来慵整纤纤手。露浓花瘦，薄汗轻衣透。"这首词刻画出了一个天真、活泼、含羞少女荡秋千直到汗流湿透衣衫的欢快心情。

　　李清照童年大部分时间在老家度过，有一天，日将西下时李清照与姐弟乘着酒兴去游柳絮湖。美丽的晚霞放射着金色的光芒，笼罩着周围的景物，一切是那样的多情，令人陶醉。他们欣喜地登上了小舟，划起船来。他们一边划船，一边弯下腰戏水，笑声伴着水声，她们只顾着昏天黑地的玩耍，小舟却不知不觉地就进入了一片荷塘。只见圆圆的荷叶遮盖着湖面，绿茵茵又是一番迷人的胜景。小舟继续向荷花荡里冲去。突然让人眼睛一亮，只见粉嫩欲滴的荷花躲在绿叶丛中，如此的娇嫩妩媚！李清照越看越欢喜。嬉闹间，她们用力抓住桨，向前使劲一划，蓦地，藕塘里响起"噗噗"的拍打声和清晰的水溅声。原来前面有一片沙洲，一群栖息在沙洲上沙鸥和白鹭，被她们这突如其来的一冲惊吓飞了。李清照抬起头望着远去鸟儿的黑色背影，盈盈地笑起来，站在船头，望着那一片美丽动人的暮色。回家后还是忘不了荷塘里所见的那一幕，情不自禁地吟了一首《如梦令》："常记溪亭日暮，沉醉不知归路。兴尽晚回舟，误入藕花深处。争渡，争渡，惊起一滩鸥鹭。"

争渡，争渡，惊起一滩鸥鹭。

一首《如梦令》才惊四座

李格非非常疼爱女儿，视若掌上明珠。有一年，李清照的父亲在京城做官。为了教育女儿，他经常把李清照带在身边。一天，李格非和几位朋友一起到匡山去游览，回家以后拿出一首诗对李清照说："这是我的好朋友张文潜写的诗，他是当今有名的诗人，大家都说这首诗写得很好，你拿去好好读读。"

李清照接过诗稿，认真读了起来，发现这首诗歌颂了唐朝的繁荣昌盛，写得很有气派，值得自己好好学习。但是，当她反复读了几遍以后，对它的内容却产生了不同的想法。她以为不能光是歌颂唐朝的繁荣昌盛，也应该指出唐朝君臣腐败的一面。于是，她按照诗的原来格式，接连写了两首和诗，表达了自己的看法。

还有一次，李格非宴请文人学士，李清照悄悄坐在厅堂的门边，听大人们评诗论文。席间，李格非拿出一首词《如梦令》，请大家评论。有位诗人接过来大声吟诵：

"昨夜雨疏风骤，浓睡不消残酒。试问卷帘人，却道海棠依旧。知否？知否？应是绿肥红瘦。"

话音刚落，赞扬声四起："意境优美，词句清丽，难得的佳作啊！""情真意切，犹如一股山间清泉！""妙就妙在'绿肥红瘦'，堪称绝唱！"

这时，坐在门边的李清照脸上泛着红晕，同时流露出几分不易觉察的得意。忽然，苏门大学士晁补之无意中扭头瞥见这小姑娘不寻常的神态，马上猜到了其中的奥秘，不由得朝她一笑，然后接过话头说："一天晚上刮风下雨，一位才女喝醉了酒，沉沉地睡着了。第二天，婢女卷帘声把她惊醒。她连忙问：'海棠花怎么样啦？'婢女回答：'海棠花没被打落，依然是老样子。'才女惆怅地说：'知道吗？经过昨晚的风吹雨打，应该是绿叶儿肥厚增多，红花儿瘦损减少了。'"

他解释完词意，稍停了会儿，然后问大家："你们猜，这才女是谁？"

人们一下子楞住了，你看看我，我看看你。"告诉你们"，晁补之站起来说："远在天边，近在眼前，这才女就是李府的千金小姐李清照！"众人目光一起投向了门边。李格非听着客人对女儿的赞扬，心里着实地高兴。从此以后，他更加重视对女儿的培养了。

李清照脸上泛着红晕，同时流露出几分不易觉察的得意。

古画《牡丹图》的遗憾

　　李清照十八岁那年，与当朝丞相赵挺之的儿子赵明诚结了婚。赵明诚不但诗文写得好，还特别喜爱收藏古玩。刚结婚的时候，赵明诚正在京城太学读书，没有固定的经济收入，为了去买自己喜爱的碑文和字画，就时常把自己的衣服卖了换钱。李清照为了帮助丈夫收藏古玩，也尽量节约家庭开支，吃穿都很俭朴。夫妻俩情趣相投，感情很好。

　　有一次，两个人把三个月积蓄下来的一千五百钱，用来买了一幅东晋大书法家王羲之的书法真迹，两人爱不释手。不久，有一古玩商人知道他们喜欢收藏古人字画，便拿了一幅古画找上门来说："这是大画家徐熙画的《牡丹图》，听说你们很喜欢收藏名画，又是这方面的行家，今天我特意送上门来请你们鉴赏。"

　　李清照和赵明诚展开古画，共同仔细地辨认，断定确实是徐熙亲手画的珍品。画上的牡丹形态不一，花瓣艳丽逼真，茎叶嫩绿可爱。特别是花朵上的颗颗露珠，画得晶莹剔透，像是要滚动似的，而空中翩翩起舞的蝴蝶，也和真的一般。俩人越看越喜爱，连忙向那人问道：

　　"这画确实是真迹，不知你要多大的价钱才肯卖？"

　　"二十万钱。"那人回答。

　　"这么多？少一些不行吗？"

　　"不行。少一文也不卖。"

　　赵明诚和李清照又仔细看了一下画后，就请那个人先在家里住下。晚上，夫妻俩商议起来，李清照说：

　　"画是好画，只是价钱太贵了。"

　　"是啊，我们到哪儿去弄这二十万钱呢？"

　　"让我来算一算。"李清照把家里能卖的物品核算了一下，可仍然凑不起那笔钱，只得叹了口气。

　　"那就不要买了。"赵明诚泄气地说。

　　第二天，他们把画还给了那个人，让他走了。两个人为这件事惋惜了好几天。

　　当时两人经济主要来源靠明诚做大官的父亲供给，因此，不可能用大笔的钱去收购古画。这也只能是遗憾了。不过由于他们情趣相投，除了在一起填词作文外，便将收藏书画金石进行深入的学术研究工作，并小有成就，曾著有《金石录》。

画是好画，只是价钱太贵了。

游玩"赌茶"尽显夫妻和美

李清照嫁给赵明诚后，生活无忧，夫妻感情很好，相敬如宾，恩爱有加。李清照又是一个纯情的女人，而最被后人广为传颂的是她与赵明诚的比赛记忆的佳话。晚饭过后，他俩经常赌背书，每人各自选一典故，然后两人猜对方选的典故出自于某书某卷第几页，赢者则以饮茶为奖赏。李清照的记忆力最好，所以每次竞猜都是她获胜而得到"饮茶权"，经常是高兴之时，举杯大笑，茶未饮反弄得杯倾怀中，满身茶渍。一位活泼洒脱，直率豪爽的"女痴人"显现于眼前，因而赵明诚对她更是疼爱有佳，曾在她的肖像画上题词四句："清丽其词，端庄其品，归去来兮，其堪偕隐"。

从中不难看出，情之深，意之浓，无以为此。赵明诚不仅当李清照是生活上的伴侣，更视为志同道合的知己。赵明诚很敬佩妻子的学问，但是有时候也并不完全服气，总觉得自己的诗词并不比她差。

有一年，赵明诚在青州（在现在山东省益都）做官，李清照没有同去。不久，她写了一首词托人捎给丈夫。其中有一首名为《醉花阴·重阳》，表达了她对丈夫的深深地眷恋之情。词曰："薄雾浓云愁永昼，瑞脑消金兽。佳节又重阳，玉枕纱厨，半夜凉初透。东篱把酒黄昏后，有暗香盈袖。莫道不消魂，帘卷西风，人比黄花瘦。"

赵明诚接到这首词后，很受感动，也写了几首词回送给她。当他提笔写的时候，忽然想起来："我是宰相的儿子，又是当了官的人，一定要比她写得好才行。"

于是，他花了好几天的时间，终于苦心写成了几十首词，还把李清照写的也重抄了一遍，和自己的混在一起，想先请人品评一下，看哪一首写得好。恰巧他的诗友陆德夫来了，赵明诚忙把这些词全拿给陆德夫看。等陆德夫看完以后，赵明诚问：

"您看，我写的这些词哪一首最好？"

"很难分出高低，写得都很见功力。"好友夸赞说。

"那总有几句写得最好的吧？"

"依我看其中三句写得最好。"

"哪三句？"赵明诚忙问。

陆德夫随口念道："莫道不销魂，帘卷西风，人比黄花瘦。"

这三句恰恰是李清照写的。这么一来，赵明诚对妻子真是打心眼儿里佩服了。李清照的词，用词果然巧妙，感情细腻真切，确实高人一头。

李清照的记忆力最好，所以每次竞猜都是她获胜而得到"饮茶权"。

金兵入侵中原，夫妻背井离乡

公元1126年，赵明诚在淄州（在现在山东省）做官，这时李清照已经四十三岁了。不料，这时候北方的金王朝举兵南侵，暴发了一场灾难深重的民族战争，打破了李清照夫妇的宁静生活。他们从醉心于金石书籍略带超脱的安宁生活中惊醒过来，开始了背井离乡，奔波流浪的生活。

一天，赵明诚从外面急匆匆赶回家来，李清照感到情况不妙，忙问："看你的神色，一定又得到了什么坏消息了？"

"是呀，仗越打越糟。"赵明诚气喘吁吁地说，"两个皇帝都成了金兵俘虏，大宋王朝危急万分！"

"怎么无人抵抗？那些文官武将都是干什么的？"李清照焦急地说。

赵明诚长长叹了一口气："事到如今，还有什么好说的。听说康王赵构早带人往南逃走了。"

"那我们怎么办？"

"这里待不下去了，得赶快到南方去。"

"可这些国宝怎么办？"李清照指了指满屋的珍贵文物，心情十分沉重。当时他们已经收藏了二十多间屋子的古代珍贵文物。

"只有一个办法，赶快包装起来，设法转移！"赵明诚果断地决定。

这一年，李清照是在惶恐不安中度过的。她和丈夫一起，天天整理文物，并且小心地一件件包装起来。第二年，赵明诚得到母亲病故的消息，急急忙忙地动身到南京奔丧，李清照则回到青州，照看余下的文物。没多久，金兵攻克了青州，她带着几十车文物逃离了青州城，到了南京。兵荒马乱之中，赵明诚与李清照先后南渡，而青州老家和大量未能带走的书籍文物，则在"青州兵变"中化为灰烬。至此之后他们再也没有过上安定的生活，再也没有优雅的心境，再也没有愉悦的心情了。

赵明诚从外面急匆匆赶回家来，李清照感到情况不妙，忙问："看你的神色，一定又得到了什么坏消息了？"

《声声慢》悼亡夫难解情愁

李清照44岁时发生了"靖康之变"。李清照在南京住了一年以后，又跟着丈夫流亡到了池阳（在现在安徽省）。有一年，南宋高宗皇帝给赵明诚下了一道圣旨，封他做湖州（在现在浙江省）知府，还让他立即赶到南京拜见皇帝。李清照只得暂时留在池阳，等待丈夫的消息。

一天，李清照正在给赵明诚写信，她的丫头喜气洋洋进来报告说："夫人，老爷派人送信来啦！"

"快请他进来！"李清照说着，自己先迎了出去。见到南京来的人，第一句话就问："老爷身体可好？"

"启禀夫人，老爷身体欠安，特派我来送信给夫人。"

"啊！老爷得了什么病？情况怎样？"

"这是老爷的书信，情况都写在上面。"

李清照拆开信一看，立即不知所措地惊叫起来。原来赵明诚赶到南京，因为路途疲劳，很快就病倒了。李清照估计丈夫的病情一定很重，连夜乘船赶到南京。这时候，赵明诚已经骨瘦如柴，连话都讲不清了，没几天就离开了人世。李清照抚着丈夫的尸体，悲痛地大哭起来。

赵明诚死后，李清照举目无亲，在床上一连躺了两三天，哭一阵，停一阵，茶饭不进。以后的日子可怎么过呀？一天，她独自守在窗前，感到仿佛丢失了什么宝贝，到处寻找，也没有下落。黄昏时候，天上又落下了一场潇潇秋雨。李清照更增添了对丈夫的思念。接下来来，她写了一首《声声慢》的词：

寻寻觅觅，冷冷清清，凄凄惨惨戚戚。乍暖还寒时候，最难将息。

三杯两盏淡酒，怎敌他晚来风急！雁过也，正伤心，却是旧时相识。

满地黄花堆积，憔悴损，如今有谁堪摘？守着窗儿，独自怎生得黑！

梧桐更兼细雨，到黄昏，点点滴滴。这次第，怎一个愁字了得！

这首词是李清照晚期的代表作品，她把当时国破家亡和离乡背井的愁苦之情写得多么传神啊！

她独自守在窗前，感到仿佛丢失了什么宝贝，到处寻找，也没有下落。

生当作人杰，死亦为鬼雄

在国破家亡的处境中，李清照饱尝了生活的艰难。后来，她跟着弟弟来到了南宋都城临安居住。由于长期的心情忧闷，李清照患上了好几种病，曾有一段时间生命岌岌可危，以至于她的家人连她死后的棺材都准备好了。在与命运的抗争中，她还是顽强地活活下来了。这一时期她十分关心国家的命运。当时的南宋朝廷对金兵的入侵采取逃跑和退让政策，不敢和金国抗争，李清照对此十分痛心。她写的一首《夏日绝句》中说：

生当作人杰，死亦为鬼雄。至今思项羽，不肯过江东。

诗里借歌颂古代英雄项羽打了败仗也不肯过江的精神，讽刺了贪生怕死的南宋官员。多少年来，这首诗一直被人们传诵着。

李清照是个很有骨气的人。晚年，为了不给弟弟增加负担，她嫁给了一个叫张汝舟的文人。可没料到，张汝舟为人很不正派，不但没有赵明诚那样的学问，还经常行贿受贿，甚至在国难当头的时候，利用职权谎报军情，贪污大笔军饷。不但如此，他还经常打骂李清照。李清照气愤到了极点。她宁可孤身一人渡过余生，也不愿和这种人共同生活。于是，她揭发了张汝舟的罪行，毅然和他脱离了关系。

从此，李清照开始了默默无闻的生活，一直到她离开人世间。

她写的一首《夏日绝句》中说：生当作人杰，死亦为鬼雄。

中国古代杰出的女发明家和革新家——黄道婆

　　黄道婆（1245—1330年），元代棉纺织家。又名黄婆，黄母。松江府乌泥泾镇（今上海市华泾镇）人。出身贫苦，少年时受封建家庭压迫流落崖州（今海南岛），以道观为家，劳动、生活在黎族姐妹中，并学会运用制棉工具和织崖州被的方法。学成后，又回到家乡传授技艺。她去世后，松江人民感念她的恩德，在顺帝至元二年（1336年），为她立祠，年年祭祀，后因战乱，祠被毁。至正二十二年（1362年），乡人张守中重建并请王逢作诗纪念。明熹宗天启六年（1626）张之象塑其像于宁国寺。清嘉庆年间，上海城内渡鹤楼西北小巷，立有小庙。黄道婆墓在上海县华泾镇北面的东湾村，于1957年重新修建并立有石碑。上海的南市区曾有先棉祠，建黄道婆禅院。上海豫园内，有清咸丰时作为布业公所的跋织亭，供奉黄道婆为始祖。在黄道婆的故乡乌泥泾，至今还传颂着："黄婆婆，黄婆婆，教我纱，教我布，二只筒子二匹布"的歌谣。

苦难的童年

黄道婆出身于贫苦农民家庭，父母迫于无奈，在她十二三岁时就把她卖给人家当童养媳。黄道婆在婆家受尽了虐待，每天起五更、睡半夜，在家要侍候全家人的吃喝穿戴；在外一年四季都是早出晚归，像牛马一样在田地里干活，耕耘割藏样样得干；晚上还经常织布到深夜。

尽管她比蜜蜂勤快，比牛马劳累，还免不了挨打受骂、夺寝禁食。有时在田间劳作实在疲乏极了，回到家后倒在床上便和衣睡着了。凶狠的公婆不问情由恶骂不止。黄道婆挣扎着爬起来分辩几句，马上被拖下床来毒打一顿，丈夫不但没有劝阻，反而加鞭助棍，打完后把她锁进了柴房，不让她吃饭，也不让她睡觉。

黄道婆唯一的乐趣是纺纱织布，这也使她年纪轻轻便积累了相当丰富的织布经验。丰富的经验，使她更加聪明。尽管每天被家里的活计累得筋疲力尽，也还是硬挤时间练习纺织技术。没多久，她便熟练地掌握了全部操作工序：剥棉籽，敏捷利索；弹棉絮，蓬松干净；卷棉条，松紧适度；纺棉纱，又细又匀；织棉布，纹均边直。在她的童年生活里，没享受过慈爱，没得到过温暖，辛酸的泪，把她活泼的童年过早地淹埋干净，只有这纺棉织布的劳动，才给了她莫大的快慰。每当她看见棉田里那龙爪样的棉叶、雪团似的棉花；每当她坐在那"车转轻雷秋纺雪，弓弯半月夜弹云"的棉纺画卷里，便感到一种难以形容的乐趣。

有一天，她一个人在柴房里剥棉籽，由于过度的劳累，突然眼前一黑，便昏昏沉沉地倒在地上。婆婆见到后，马上叫来她的丈夫将她一顿毒打，当时就昏死过去。在她醒来的时候，她已经被锁在又黑又脏的柴房里。她抚摸着满身的伤痕，胸怀壮志的黄道婆痛苦到了极点，再也不甘忍受这封建牢狱的折磨，决心挣脱封建礼教枷锁，离开这如地狱般的家庭。但她知道，长江岸边没有她的活路，她决心远离家乡。半夜时分，她挖穿了破柴房的屋顶逃出来，奔向黄浦江边，去寻求自己未来的希望。

她十二三岁时就把她卖给人家当童养媳。

在海南向黎族姐妹学艺

　　黄道婆逃到了黄浦江边，她请求一位老船主将她带走，老船主听黄道婆哭诉了痛苦遭遇，和她寻求纺织技艺的志向，看着她一身破衣烂衫，满脸血痕泪水，不由得又敬重又同情，点头答应了她的要求。于是，黄道婆登上了这艘商船扬帆远行，遥望乌泥径，洒泪告别了亲爱的家乡。那时，交通工具简陋，航海技术低劣，黄道婆不畏风险，忍着颠簸饥寒，闯过惊涛骇浪，先抵占城，随后到了崖州。她看到当地棉纺织业真的十分兴盛，便谢过船家在海南落了脚。

　　在封建社会，一个从未出过远门的年轻妇女只身流落异乡，人生地疏，无依无靠，面临的困难可想而知。但是淳朴热情的黎族同胞十分同情黄道婆的不幸遭遇，接受了她，让她有了安身之所，并且在共同的劳动生活中，她同这些阶级兄弟姐妹结下了深厚的友谊，同时琼崖州的木棉和纺织技术强烈地吸引着黄道婆。她爱上了这里的座座高山、片片阔林。拿起了著名的黎幕、鞍搭、花被、缦布，瞅着那光彩明亮的黎单、五色鲜艳的黎饰，黄道婆便看不胜看，爱不释手，赞美不止。为了早日掌握黎家技术，她刻苦学习黎族语言，耳听、心记、嘴里练，努力和黎族人民打成一片，虚心地拜他们为师。她在研究黎族的纺棉工具，学习纺棉技术时，总是废寝忘食，争分夺秒，像着了迷、入了癖一样，每学好了一道工序，会用了一种工具，她的心就仿佛开了花、吃了蜜。灿烂的友谊之花，结出了丰硕的技术之果。黎族人民不仅在生活上热情照顾黄道婆，而且把自己的技术无保留地传授给她。聪明的黄道婆，把全部精力都倾注在棉织事业上，又得到这样无私的帮助，很快就熟悉了黎家全部织棉工具，学成了他们的先进技术。绞尽脑汁、熬尽心血的劳动消耗，使黄道婆的一头青丝成了白发，给她丰润的脸上刻下道道深而密的褶皱，但她还是精神抖擞，深钻细研，锲而不舍，刻苦实践，三十年如一日，终于成为一个技艺精湛的棉纺织家。

她在研究黎族的纺棉工具，学习纺棉技术时，总是废寝忘食，争分夺秒

不买奸商的账

　　她虚心地向黎族姐妹们学习纺织技艺，充分发挥她的聪明才智，很快学会织出色彩鲜艳、花样别致的简裙与被面，被黎族的姐妹们啧啧称颂。特别是黄道婆织出的"崖州被"更是美不胜收，别具风采。她的美名仿佛春风一样朝四方传扬。一天，有个外地奸商来到黄道婆的住处，他先是在门外探头探脑地张望，发现只有黄道婆独自一人在织布，就悄悄走进屋来，一脸奸笑地对黄道婆说，准备用高价买她的织品，作为贡品献给皇上。黄道婆不同意，说道："我织布不够自己穿，哪里有布出售。"奸商威胁她说："你可以没有穿的，但献给皇上的贡品却不能少。要不然，恐怕你担不起责任！"黄道婆理直气壮地说："你有钱人想和皇帝打交道，要贡品自己织布去。"奸商无理地叫嚣道："要这样，你就不用想在这里有站脚之地！"黄道婆不买他的账，遂下逐客令："这里是我们穷人的地方，快给我滚开！"奸商无奈，便灰溜溜地走了。奸商在黄道婆这里弄了个没趣，便恶狠狠地将此事报告给地方州官知道，想勾结官府骗取黄道婆的织品。州官听信了奸商的谗言，下令不准黄道婆在内草村安家落户。黄道婆在乡亲们的帮助下，悄悄地逃到一百余里远的五指山里的保定村避难。人怕出名猪怕壮。不久，峒头又登上门来了，要黄道婆在三天内织出一幅最美的崖州被作为献给皇上的贡品。她知道很难推辞掉了，便答应道："好吧，明天来拿。"她便用隔夜变色的染料做了一幅美丽绝伦的崖州被，捉弄峒头。当峒头把鲜艳的崖州被取回去后，一夜之间变成一副黑粗布。峒头气得要命，扬言处死黄道婆，黄道婆在乡亲们的帮助下逃了出来。黄道婆看到天下乌鸦一样黑，于是决心离开海南返回故里。

这里是我们穷人的地方，快给我滚开

返回故乡传艺

　　黄道婆在黎族地区生活了将近三十年，但是，她始终怀念自己的故乡。在元朝元贞年间，约1295年，她从崖州返回故乡，回到了乌泥泾。黄道婆重返故乡时，虽然植棉业已经在长江流域大大普及，但纺织技术仍然很落后。她回来后，首先就致力于改革家乡落后的棉纺织生产工具，然后她根据自己几十年丰富的纺织经验，毫无保留地把自己精湛的织造技术传授给故乡人民。她一边教家乡妇女学黎族的棉纺织技术，一边又着手改革出一套赶、弹、纺、织的工具，如：去籽搅车，弹棉椎弓，三锭脚踏纺纱车……虽然她回乡几年后就离开了人世，但她的辛勤劳动推动了当地棉纺织业的迅速发展。当时淞江一带用的都是旧式单锭手摇纺车，功效很低，要三四个人纺纱才能供上一架织布机的需要。黄道婆就跟木工师傅一起，经过反复试验，把用于纺麻的脚踏纺车改成三锭棉纺车，使纺纱效率一下子提高了两三倍，而且操作也很省力。因为这种新式纺车很容易被大家接受，在淞江一带很快地推广开来。黄道婆除了在改革棉纺工具方面作出重要贡献以外，她还把从黎族人民那里学来的织造技术，结合自己的实践经验，总结成一套比较先进的"错纱、配色、综线、洁花"等织造技术，热心向人们传授。因此，当时乌泥泾出产的被、褥、带、帐等棉织物上有折枝、团凤、棋局、字样等各种美丽的图案，鲜艳如画。一时"乌泥泾被"不胫而走，附近上海、太仓等地竞相仿效。这些纺织品远销各地，很受欢迎，很快淞江一带就成为全国的棉织业中心，历经几百年久而不衰。16世纪初，当地农民织出的布，一天就有上万匹。18世纪乃至19世纪，淞江布更远销欧美，获得了很高声誉。当时称淞江布匹被誉为"衣被天下"，这伟大的成就其中当然凝聚了黄道婆的大量心血。

黄道婆就跟木工师傅一起，经过反复试验，把用于纺麻的脚踏纺车改成三锭棉纺车

后记

　　封建正史对科学技术有着一种无知的轻蔑，再加上对下层劳动人民的顽固偏见，所以对黄道婆这样一位伟大的纺织革新家的杰出贡献，正史没有只言片语的记载，这是我国历史学的普遍性的遗憾。但人民是公正的，"黄婆婆，黄婆婆，教我纱，教我布，二只筒子，两匹布。"这是上海一带劳动人民世代相传的一首歌谣。这首歌谣就是表达了人们对黄道婆为我国棉纺织技术作出卓越贡献的感激。黄道婆对棉纺织技术的巨大贡献，赢得了当地劳动人民深情的热爱和永久的纪念。黄道婆死后，人们为她举行了隆重的公葬，并且在乌泥泾镇替她修建祠堂，叫先棉祠。以后其他许多地方也先后为她修建祠堂，（上海县港口镇建有黄母祠）表达了广大劳动人民对这位棉纺织业的先驱者的感激和怀念。解放后，上海人民为纪念这位杰出的劳动妇女，在1957年4月，重新修整了黄道婆的墓，并且树立了新的墓碑，在碑上铭刻着她的光辉业绩。黄道婆是我国古代劳动妇女勤奋、聪明、慈爱、无私的杰出典型，她的名字和功绩将永远留在广大人民的记忆中。

明末农民起义军中的
女统帅——唐赛儿

唐赛儿（1399—?），明代农民起义首领，蒲台县西关(今滨州市蒲城乡)人。明初，成祖从南京迁都北京，为了大兴土木大和开挖运河，先后在山东征调数十万民夫，为皇家服徭役，缴纳沉重的税赋，在加上贪官的盘剥，人民生活痛苦不堪，百姓怨声载道。1420年(明永乐十八年)2月21日，唐赛儿自称"佛母"，以传白莲教的名义，汇聚数千人于青州卸石棚寨举行起义。起义军最终还是失败了，不过唐赛儿等一班人马采取了"鱼归大海"的战术，分散在群众中。官府费劲了心机也没找到唐赛儿。后人为了纪念她，在她的故乡旧址蒲湖主岛上建有"唐赛儿纪念祠"，并在附近的滨州黄河大桥北端建有她的戎装塑像。

"佛母"的来历

　　唐赛儿的家乡，人人都喜欢练武。男女老少，都能舞枪弄棒。唐赛儿从小也跟着父亲习武，各种兵器样样都会使，乡亲们说她的武艺一点也不比男儿差。明初洪武末年，朱元璋的四子为了争夺皇位，发动了"靖难之役"，山东成了主要战场，战争令百姓流离失所。朱棣登基后，把都城从南京迁到北京，大修宫殿，又组织人力，南粮北调，还开挖运河，先后在山东征调数十万民夫，农民徭役负担十分沉重。加上水、旱灾害，瘟疫流行，群众生活十分艰难。山东、河南等地的群众到了吃树皮、草根维持生命的地步。

　　在民间传说中，唐赛儿18岁结婚，嫁给一个叫林三的农民，虽然贫穷，但夫妻恩爱。时逢乱世，婚后不久，碰上大旱之年，粮食绝收，为了活命，林三与乡亲们一起，决定向官府讨些粮食，结果林三被抓，几天后传出林三被官府打死。唐赛儿得知丈夫林三被官府逼死后，痛不欲生，决心为丈夫和受苦的乡亲报仇。当时，滨州民间白莲教盛行。饱受战乱和盘剥之苦的农民群众广泛信奉白莲教，以从中寻找精神寄托和相互帮助。这时唐赛儿也加入了白莲教。便以传授白莲教为名，暗中发动穷苦百姓起来反抗朝廷。唐赛儿自幼好佛诵经，为号召乡亲们起来反对朝廷，自称"佛母"。为了使"佛母"师出有名，就先散发出一些流言。于是民间盛传：林三死后，唐赛儿经常去坟地祭奠。一次祭奠完林三回村时，在山脚下的石缝里，唐赛儿发现了一石匣，里面装有白莲教的兵书和神剑。还说她"通晓诸术"，她得到的"剑亦神物，唯唐赛儿能用之"。称唐赛儿是"佛母"降世，能预知将来事情的成败，并且能剪纸为兵马等等。一时间老百姓将她奉若神明，当她号召乡亲们起义造反时，四方都纷纷起来响应。

在山脚下的石缝里，唐赛儿发现了一石匣，里面装有白莲教的兵书和神剑。

益都举义旗

　　唐赛儿心里明白，要推翻明王朝的反动统治，靠单枪匹马是不行的，必须动员千千万万的民众。唐赛儿便以白莲教作掩护发动群众。白莲教是由外国传入的摩尼教演变而来的，其教义是认为光明力量必定战胜黑暗力量。白莲教信奉"同教人都生于天宫"，都是"无生老母"的儿女，不分男女老幼一律平等。白莲教教徒有了困难，别的教徒可以出钱帮助解决，白莲教又通过给穷人治病、传授拳艺，帮助农民种地，替受虐待的妇女磨面等方式来扩大影响。在当时的历史条件下，白莲教的做法在广大贫苦农民中具有很大的吸引力。唐赛儿经常深入群众，做艰苦的组织工作，不到几个月的时间，她的足迹踏遍了四邻八乡，在自己周围积蓄了雄厚的革命力量。唐赛儿看到起义的条件已经具备，便计划在滨州（今山东滨县）起义，不料被当地政府发觉了。唐赛儿根据形势的变化，带着一部分骨干，到了小营（今属山东博兴县）一带，继续秘密发动群众。她在老百姓的心目中很有威信，遂被推选为领袖。

　　山东益都县的西南乡，山峦起伏，重峦叠嶂，形势险峻，易守难攻，是建立山寨的好地方。为了更好地同明王朝军队周旋，1420年2月21日，在家乡率众数千人，"以红白旗为号"，揭竿而起。尔后，她带领起义军浩浩荡荡开赴到益都西南山区。这里有著名的岌岌寨、南门寨、卸石棚寨三座大山。岌岌寨位于南门寨与卸石棚寨中间，成为联络两大寨和对外观察的重要制高点。通往卸石棚寨的唯一小路则有点将台和一座小山控制，唐赛儿将起义军分别驻扎在两大寨及周围险寨上。唐赛儿身为领袖，始终保持农民阶级纯朴勤劳的优良作风，亲自带领起义军战士搬运石料，在卸石棚寨上建起了蓄水池、米臼和供骑兵训练的跑马场，垒砌了又高又厚的环山石墙。卸石棚寨成了起义军的良好根据地。

　　唐赛儿高举大旗，正式掀起了撼动明王朝的武装起义后，莒州的董彦果、安丘的宾鸿、赵婉等，积极响应，起义军队伍很快扩大到数万人。

　　青州（今山东益都县），是明王朝的军事重镇，驻有大量军队，屯积无数钱粮和武器。唐赛儿同众将官计议，决定攻打青州，夺取粮草和武器。同时，显示一下自己的力量，发展革命形势。一天拂晓，唐赛儿率起义军主力，以迅雷不及掩耳之势，一举攻克了青州城。唐赛儿打开粮仓，赈济饥民，然后同起义军战士携带着一部分粮食和武器，迅速返回寨中。

　　唐赛儿又赢得了董彦皋、刘信、刘俊、丁谷刚、宾鸿、徐光等领导的农民起义军领袖的支援。很快又有数万人并投入其麾下。至此，起义大军已经成为朝廷的心腹大患。

1420年2月21日，在家乡率众数千人，"以红白旗为号"

十面埋伏

声势浩大的农民起义，使明成祖大为震惊，立即派青州左卫指挥高风前去镇压。高风并没有把唐赛儿领导起义军放在眼里，亲率精兵数千与起义军对阵。唐赛儿听说官兵前来征讨，非常从容镇定，立即调兵遣将，部署破敌计划。高风带领大队人马直扑益都，兵到一个狭窄的谷地，还没见到起义军的影子。他正要派人去打听，忽然有四支起义军分别从四面杀来。高风急忙应战，见起义军加起来不过有1000多人，于是胆子大起来。这时起义军边战边退，四支义军汇合一起向一山谷退去，高风命令士兵奋勇冲击。一位副将向高风提醒道："将军请多加小心，听说唐赛儿惯用诡计，切不可上了她的大当。"

高风不以为然地说："唐赛儿又不是神仙下凡，你怕什么？一个穷疯了的女妖，懂得什么用兵之计，只管冲上去。"当高风带兵追到山谷口时，官兵们见有一女将站在山坡上，连忙喊道："唐赛儿在那儿。"这时，只听到唐赛儿急促地向起义军喊道："乡亲们，不要在往山里退啦，你们的父母妻儿，粮食牲畜，都藏在山里，要是官兵杀进山谷，大家就都完啦。"可是起义军不听唐赛儿的话，蜂拥似的往山谷里退。

高风忍不住狂笑地说："那女妖的话没人听啦，今天捣毁匪巢，明天就可以向朝廷请功啦。"说完，一挥手，命令队伍径直向山谷里冲去。等高风带领兵将冲进山谷后，忽然不见了起义军的踪影，仔细一看，才发现进入了一个死谷，知道是中了计，慌忙命令兵将撤出，但为时已晚。起义军在唐赛儿的领导下，利用熟识地形的有利条件，把高风所率官兵打得溃不成军。官兵惨败，高风被杀，唐赛儿取得了胜利。在以后继续以卸石棚寨为根据地，不断打击附近州府的贪官污吏以及恶霸、地主。使得山东诸州的大小官吏以及地主绅士慌作一团。唐赛儿所到之处，官吏们纷纷望风而逃。

起义军在唐赛儿的领导下，利用熟识地形的有利条件，把高风所率官兵打得溃不成军。

拒绝招安

　　起义军军威大振，山东地方官吏惶恐不安，三司联名报警。消息传到北京城中，朱棣"甚为震惊"。明成祖见武力不行，便派使者前去召降。唐赛儿怒斩了来使。为了迅速扑灭唐赛儿所率农民起义军的烈火，朱棣亲自下谕。命安远侯柳升为总兵，指挥监事刘忠为副总兵官，急带护卫北京的"京营"，星夜兼程，奔赴山东，继续进行镇压。行前，朱棣亲自面授机宜，再三叮嘱柳升曰："前高风轻进致败，不可不戒"。柳升曾南平交趾，东破倭寇，北御蒙古，因功封侯。他狂妄自大，根本不把农民军放在眼里。柳升率军到了青州采取"擒贼先擒王"的策略，兵锋直指起义军的大本营卸石棚寨，将其团团围困。唐赛儿抓住他骄傲轻敌这一弱点，派人到敌营诈降，诳说寨内缺水，陷入绝境，已决定从东寨门突围取水。柳升信以为真，下令集中兵力，扼守东门，妄图以断水把起义军困死。唐赛儿见敌人已经上钩，便于3月16日，夜里二更时分，带领起义军出了寨门。但是起义军冲杀出来后，立即掉转方向，突然向防御薄弱的敌营发起猛攻，直扑副总兵刘忠的兵营。由于事发突然，刘忠猝不及防，勉强收拢队伍拦截唐赛儿，结果被唐赛儿一箭射死。此时，官军大乱，仓皇逃窜，死伤不计其数。天亮后，柳升得知中计，急忙带大队人马前来镇压，但起义军早已不知去向。

　　见此燎原之势，朱棣不得不再下谕旨，命令柳升分兵应付。山东境内蜂涌而起的农民起义军打乱了明朝统治集团全力镇压唐赛儿的部署，使得他们顾此失彼，疲于奔命，在这种形势下，倒使唐赛儿的农民起义军得到了进一步的壮大和发展。

鱼归大海

唐赛儿见义军处境十分险恶，便想出一个"鱼归大海"之计。

明成祖朱棣为了解决心头大患，不断派重兵镇压起义军。起义军终究是寡不敌众，唐赛儿见义军处境十分险恶，不想叫义军全军覆没，便想出一个"鱼归大海"之计，即化整为零，混在百姓之中，使官兵无法辨认出他们，然后再设法会聚。官军找不着义军后，便禀报明成祖说唐赛儿失了踪。唐赛儿久而不获，朱棣寝食难安，他怀疑唐赛儿可能削发为尼或混入女道观之中，于是命法司到各寺庙去找。凡北京、山东境内尼姑庵及道观，都巡查遍了，还是没有唐赛儿的踪影。随后，又命段明为山东左参政，继续搜索唐赛儿。段明为了完成这一任务，不仅把山东、北京的尼姑全部捉来，逐一搜查，甚至还缉拿了除这两地之外的数万出家妇女，但仍无所获。随后，朱棣命令将追捕的范围扩大到了全国。封建专制统治，一向以强大严密而著称，但是在民众面前，却虚弱无用到了这样的地步，一切官府、巡检司、关隘、军队乃至特务机构，都无济于事。最终官府也没找到唐赛儿的踪影。

也许唐赛儿在民间如鱼得水，早已不知去向。但白莲教的活动并没停止，直到后来的清朝还有白莲教的踪迹。唐赛儿究竟是战死疆场还是削发为尼，或为人民群众所保护，她的下落，至今不得而知。

有些史书上把唐赛儿描绘成能呼风唤雨、出神入化的仙妖之类不可战胜，其实，这就是人民的力量，人民是不可欺的，"水可载舟，亦可覆舟"。

中国古代女数学家
——王贞仪

王贞仪(1768—1797 年)，字德卿，安徽天长市人，寄居江宁（今江苏南京）。她是我国清代有名的女学者、女诗人、科学家，对天文、气象、地理、数学、医学、文学等方面均有较深的研究，并表现出卓越的才能。二十几年短暂的一生中，著述很多，包括科学、文学、史学以及绘画、书法、篆刻、围棋等艺术，无不涉猎。王贞仪是清代着意于普及天算知识的第一人。她在著书时化繁为简，化难为易，深入浅出，通俗易懂。她鄙视和反对封建社会对妇女的歧视和压在妇女头上的种种礼教。她曾作诗道："足行万里书万卷，尝拟雄心胜丈夫。"这正是她一生的绝好写照。清代著名学者钱仪吉称她是"班昭之后，一人而已"。她的论文、著作，现存的文学作品有《德风亭初集》十三卷；还著有《星象图解》、《历算简存》、《地圆论》等天文数算书和单篇文章。

祖父的遗产

　　王贞仪出身于官宦之家，自幼聪明绝伦，酷爱读书，祖母董氏是她的老师，9岁时就能做诗了。王贞仪学习不但用功，而且还养成了刻苦钻研的习惯，常被亲友们称为小才女。其祖父王者辅，是清代比较开明的地方官吏，历任山东省海丰县知县、直隶省固安县知县、顺天北路同知、宣化府知府以及广东惠州府知府等官职。祖父为官清廉，体察民情，在百姓中有非常好的口碑。他从不贿赂上司，办事刚正不阿，因此，上司很不喜欢他，被加以莫须有的罪名罢了官，官场的黑暗让他十分愤慨，不久便生病而死。祖父去世后，11岁的王贞仪跟着祖母、父亲去吉林为祖父奔丧，从此客居吉林。其父王锡深，精于医术，以行医维持家庭生计。有一天，父亲在整理祖父遗产时把王贞仪叫了来，说："你祖父为官清正，虽然没留下多少财产，但是他生活俭朴，也还是存了一些值钱的东西。你是他最喜爱的孙女，想要什么，就随便挑吧。"王贞仪对金玉古玩都不感兴趣，唯独对祖父遗留下的75柜藏书情有独钟。王贞仪笑着对父亲说："您和祖父时常对我说，天下最值钱的东西是知识，最了不起的人是有才智的人。我就要祖父的藏书，我读完这些书后，将来就是有才智的人了。"父亲听了高兴极了，于是便将祖父的藏书都给了她。王贞仪得到这些书如获至宝，从此整天和书籍作伴，不管是文学、艺术还是科学——涉猎。特别是对其中的天文学、气象学和数学等知识非常感兴趣，经常是边读书、边沉思、边记录，认真的揣摩和细心领会，常常是忘了吃饭，甚至连睡觉也忘了。父亲见她如此用功读书，逢人便骄傲地说："我家贞仪得到了她祖父的最珍贵的遗产。"

我就要祖父的藏书，我读完这些书后，将来就是有才智的人了。

从小爱科学

王贞仪从小不习女红，却经常手不释卷地攻读科学书籍。一天晚上，王贞仪正在埋头读书，忽然窗外传来阵阵锣鼓声，还有人在呼喊着什么。不一会儿，小妹妹慌慌张张跑进来大声地喊道："姐姐快去看，天狗吃月亮了。"王贞仪跟着妹妹们走出屋，见有许多人在敲锣打鼓的喊叫："天狗吃月亮啦，快把天狗赶走救月亮呀。"王贞仪抬头一看，高挂在天空的一轮满月，已经出现了一个缺口，不一会缺口慢慢扩大，天也慢慢昏暗起来。妹妹问姐姐："这到底是怎么回事。真的是天狗吃月亮吗？"姐姐因为读过许多天文的书，了解一些天文方面的知识，便告诉妹妹不要惊慌："这叫月食。"

王贞仪对月食曾进行了深入的研究，为了研究月食形成的原因，她常把自己关在屋子里，废寝忘食地搞试验。没有科学仪器，她就因陋就简地自己动手制造。有一天，王贞仪关紧门窗，一个人躲在屋里进行实验研究，不知不觉已到了吃饭的时候了，母亲依然不见她出来吃饭，就非常好奇地从门缝向内张望，只见桌上的水晶灯被悬挂在房梁上当作太阳，小圆桌被扳倒在灯下当做地球，而王贞仪手拿着镜子当做月亮，正在实验和思考着太阳、地球和月亮的关系。由于她不懈地反复试验，不断观察太阳、月亮和地球的位置以及相互间的关系，最终弄清了月食等天文现象。她后来撰写了《月食解》一文，精辟地阐述了月食是如何发生的以及月食、月望和食分深浅等知识。王贞仪非常推崇张衡对月食成因的解释，并在食分问题上作了一些新的解释。在她著作中所阐述的日月食成因的理论，同现代天文学认识的日月食原理完全一致。

观测气象

王贞仪在十几岁的时候，因为对天文学产生了兴趣，于是就立下凌云壮志，自强不息，要在天文学方面干出一番事业来。从此以后，他不管是烈日炎炎的酷暑，还是北风呼啸的寒冬，每天都坚持对天象进行观察，不断考察风云的变化、星座的流动、气温的升降和温度的变化。而且不但重视书本知识的积累，更重视开展科学实验。

每当夜深人静时，她常独自一人抬头看天，研究气象。她观察云彩的流动变幻，注意气候的干湿潮润，经过长期观测和记录，她积累了大量的资料。对于天气的变化，她已大体能掌握，可以做到预测阴晴风雨。

王贞仪的父亲到过许多地方，王贞仪也因此有机会跟着父亲去不少地方远游，走遍了大江南北，塞内关外。每到一个地方，她都不忘观察天文气象，积累资料。她每到一个地方都能对所在地区的天时和农作物的丰收或旱涝作出正确判断。王贞仪总是根据自己的经验，为当地的民众提供生产和生活方面的气象服务，人们都把她当做"气象预报站"。时间一长，她的名声便传扬了出去，有些人甚至把她当成了神仙。王贞仪面对这些议论便耐心向人们解释说："我不是神，也不是仙，我是靠天文观测知道的。"她为了让更多的人掌握气象知识，特意编写了《星象图解》一书，形象地介绍了天上星辰的分布和变化与气象的关系。

她反复试验，不断观察太阳、月亮和地球的位置以及相互间的关系，最终弄清了月食等天文现象。

探索宇宙奥秘

　　晴朗的夜晚，群星闪烁，人们都已入睡，王贞仪却还在披风饮露，独坐户外，静静地注视着天空，仔细观察星象的运行和变化。她一边观测，一边开动脑筋，琢磨着从书本上学来的东西。突然她又冒出一个问题，地球是一个大圆球，人站在地球"边缘"上，那么下半球的人为什么不会倾斜或摔倒呢？这个问题对现代的人来说已是普通的常识，可是在18世纪末叶时，虽然我国大多数学者也都承认地球是圆的，但却很少有人考虑或回答不了这个不倾斜或摔倒的问题。唯有初出茅庐的王贞仪，经过仔细研究，对这个问题做了通俗的解释。她在《地圆论》中说：地上的人都以自己居住的地方为正中，因此在往远处看别的地方似乎都应是斜立的，都应该倾倒；实际上人都不倒，这是因为人们生活的地球，处于四周都是天空的空间之中，对宇宙空间来说，地球任何地方的人头上都是天，脚下都是地；在广阔无垠的宇宙空间中，没有上、下、侧、正的严格区别。这真是一个很可贵的认识。

　　王贞仪在博览群书时，总是锲而不舍，经常对古籍中的错误进行校正。当时一些历书将恒星年同回归年的区别说成了起始于汉武帝编制的《太初历》。王贞仪指出，这种差别并不是起于《太初历》，而是自晋代虞喜发现"岁差"以后才"天自为天，岁自为岁"。历书上还说，由于岁差，春分点逐渐东移。王贞仪也指出，这是错误的。岁差引起的春分点移动是西移而不是东移。另有一些人认为，岁差可以用"土圭"测得。王贞仪指出，土圭只能测日影，哪能测岁差？岁差只有用"中星法"才能测出。在我国何时产生"定气"的问题上，有人认为古人对日行迟疾没有认识，"定气"始于唐代历法。王贞仪批评说，这又错了。"定气"开始于北齐的张子信，其后隋代刘悼、唐朝李淳风和僧一行才测得更加精密了。王贞仪这些批评和见解，基本符合中国古代天文学的实际。

　　另外，明末清初不断有西方传教士来华活动，当时西方的各种天文学理论也都传到中国来了。王贞仪对这些东西并不是囫囵吞枣地接受，而是批判地吸收，有选择地使用。她既知道哥白尼的日心说体系，也了解第谷的折中体系（即认为地球是宇宙的不动中心，日、月、恒星都绕地心运行，而五大行星又绕日运行）。她认为"西历虽至密，亦未能言概准，""有所可行，即有不可行；有所是，即有不是。"生活在18世纪末叶的一位妇女，能有这样的见地，很是难能可贵。

王贞仪在披风饮露，独坐户外，静静地注视着天空，仔细观察星象的运行和变化。

反对封建迷信

王贞仪在科学追寻的道路上也不是一帆风顺的。她要从事科学，就必须同科学的敌人，特别是同封建迷信和封建伦理进行斗争。在她刚开始钻研天文和作诗绘画的时候，就有一些封建的卫道士嘲笑她说，"女孩子的正当职业是酒食缝纫，不应以文史翰墨为事"，甚至攻击她从事科学是想青史留名。但是王贞仪的反叛精神使她没有屈服。她据理驳斥，坚持为科学开辟道路。她在一首诗中写道："始信须眉等巾帼，谁言儿女不英雄"，顽强地顶住封建礼教的重压，不屈不挠地进行科学研究。王贞仪与封建伦理的抗争，在她的不少诗文和书信都有表白。她简直是一面从事科学研究，一面为妇女的地位呼号。历史事实也说明，越到封建社会后期，统治者就越要把天文学拉入迷信的泥坑，如利用天文现象硬扯上"风水"之说等。王贞仪相信科学，反对迷信，她指责那些从事"看风水"、占卦的所谓"星相家"是骗人的。面对这些邪恶，王贞仪在《葬经辟异序》和给她父亲的一封信里明确宣布："这些人多不读书，只讲名誉势力，不学正确道理，专门将所谓富贵贫贱，得祸得福等妖言扰乱人心，以谋私利。"

刻苦攻读数学

王贞仪对筹算也有研究。算筹，有时亦称为算子，是一种棒状的计算工具。一般是竹制或木制的同样长短粗细的小棒，也有用金属、玉、骨等材料制成，不用时放在特制的算袋或算子筒里，使用时在特制的算板、毡或直接在桌上排布。应用"算筹"进行计算的方法叫做"筹算"，算筹传入日本称为"算术"。算筹在中国起源甚早，《老子》中有一句"善数者不用筹策"的记述，现在所见的最早记载是《孙子算经》，至明朝筹算渐渐为珠算所取代。

17世纪初叶，英国数学家纳皮尔发明了一种算筹计算法，明末介绍到我国，也称为"筹算"。清代著名数学家梅文鼎、戴震等人曾加以研究。戴震称其为"策算"。王贞仪也进行由西方传入我国的这种筹算的研究，并且写了三卷书向国人介绍西洋筹算。她在著作中对西洋筹算进行增补讲解。王贞仪介绍的纳皮尔算筹乘除法，能让当时的读者比较容易了解，但与当时我国的乘除法筹算的方法相比，显得较繁杂，因此，数学家们没有使用西洋筹算，一直使用中国筹算法。

另外，她对梅文鼎所著的《筹算》和《历算》进行了深入的研究。梅文鼎曾测得地理经度圈上的一度弧长等于250里，王贞仪把这个结果引申到天球中，指出，地差1000里，天顶差五度。她还认识到，随着地理纬度的不同，各地北极出地高度也就不同，因此，恒星隐显，昼夜长短，都会随地理纬度的不同而有差别。现代天文学对这个问题的研究，除了测量的更加精确外，就其整体来说，王贞仪当年的解释也是非常正确的。

她在一首诗中写道："始信须眉等巾帼，谁言儿女不英雄"。

一颗早落的星

由于王贞仪幼时多病，加之平素苦读而引起的严重失眠，结婚5年后，不幸因病离世，只活了短短的29个春秋。她的学识在当时没有受到社会应有的重视，却留下了大量的手稿。临终时，王贞仪嘱咐丈夫詹枚将平生的手稿托交给密友蒯夫人。蒯夫人是浙江嘉兴人，当时也住在江宁。她能诗善画，待人诚恳热情。蒯夫人不负故友重托，前后花了6年时间，把大量的手稿整理成册，辑成《德风亭初集》13卷，其中文选、诗赋有《女蒙拾诵》、《沉疴吃语》。此外还有《岁差日至辨疑》、《筹算易知》、《西洋筹算增删》、《勾股三角解》、《黄赤二道辨》等科学著作。不过，绝大部分作品都已遗失。王贞仪死后，清代著名学者钱仪吉见到了她的部分手稿，惊叹她学识广博，见解独到，在她仅仅29个春秋里取得了让须眉羞愧的成就，称她为"班昭之后，一人而已"。

今天，我们从残存的著述中，可以看到王贞仪对中国的天文学和历法是很有研究的，她对岁差的原理、测定和推算方法，有比较清晰的思路；对日、月食的成因和地圆的观念，能作生动的论证和通俗易懂的说明。她的作品既宣传了科学知识，也对守旧落后的思想做了很好的批判。王贞仪的生命是短暂的，但是，她留给人们的精神财富是宝贵的。她的名字将永远镌刻在历史的丰碑上。

临终时，王贞仪嘱咐丈夫詹枚将平生的手稿托交给密友蒯夫人。

我国杰出女英雄
——王聪儿

王聪儿（1777—1798年），清代农民起义军女首领，湖北襄阳人，江湖艺人出身，襄阳白莲教首领齐林之妻。嘉庆元年，齐林因策划起义风声走漏被杀，她被推为首领，继续筹备新的武装起义，随众达四五万人。1796年4月，王聪儿率众杀上薤山，清廷遣惠伦率兵围剿，王聪儿坚守薤山，亲筹粮草，赶制兵器，采药救护伤员，全军士气高昂，伺机反攻，取得重大胜利。后转战四川、湖北、陕西等省，屡败清军。起义第三年初，被清军围困于郧西卸花坡，虽寡不敌众，但仍坚持战斗，英勇不屈，后跳崖而亡，时年二十二岁。在薤山，流传着许许多多关于王聪儿抗清杀敌的英勇故事。

卖艺遇救

　　王聪儿从小家境十分困苦，父亲在官府衙门里做茶役。所谓"茶役"，就是衙门里的勤杂工，微薄的薪金很难养家糊口。一年到头，辛辛苦苦，全家人还经常挨饿受冻。父亲由于过度的劳累，在王聪儿很小的时候就得了重病；穷人连饭都吃不上，哪里还有钱替父亲请医买药，不久父亲就离开了人世。剩下孤儿寡母，相依为命，在苦难中煎熬。王聪儿跟随母亲四处流浪，有时母亲给人当帮工，靠缝缝补补，洗洗涮涮赚几个钱糊口；有时干脆靠讨饭过生活。在人剥削人的封建社会里，有钱人为富不仁，根本不管穷人的死活。贫苦老百姓自己都难以糊口，又哪来的余米剩饭救济别人，母女俩常因讨不到吃的而挨饿。王聪儿苦难的童年，饱尝了人世间的辛酸和污辱。后来她们母女实在走投无路了，母亲不得不含泪把聪儿送进一家马戏班去学艺。因王聪儿从小就聪明伶俐，长得又很漂亮，所以这家马戏班也就收下她了。在马戏班学艺期间，她吃尽各种苦头，挨打受骂是家常便饭。

地方官吏、豪绅、纨绔子弟经常无理取闹，地痞流氓还不时找茬寻衅，敲诈勒索。

出师后，她作为一个杂技演员就开始了闯荡江湖的卖艺生涯。在那黑暗的封建社会里，杂技艺人属于被人们瞧不起的下九流，社会地位极为低下，特别是作为一个女艺人，就更倍受污辱和欺凌。地方官吏、豪绅、纨绔子弟经常无理取闹，地痞流氓还不时找茬寻衅，敲诈勒索。

有一次王聪儿在湖北襄阳表演杂技的时候被一群纨绔地痞欺负，王聪儿凭着一身功夫打伤了几个地痞，却因此被官府缉拿，是一位年轻人帮助他们摆脱了麻烦，这个人就是白莲教首领齐林。

参加白莲教

齐林是白莲教收元教首领宋之清的大弟子。他利用自己身为襄阳州县总差役的合法身份，联络了上千名差役为白莲教徒，并通过这些差役将势力扩展到湖北、四川的广大地区。王聪儿被齐林救下后也加入了白莲教。入教后，她很快就成了齐林的得力助手。两人情投意合，王聪儿在16岁时便嫁给齐林，被称为齐王氏。齐林在湖北收元教内号称"大师父"，王聪儿则跟着号称"二师父"，人称"齐二师娘"。眼看参加白莲教的人一天比一天多，条件日益成熟，齐林与王聪儿便决定筹划在襄阳举行白莲教徒反对清朝的武装起义。齐林领导的义军本来定在元宵灯节起义，不料被叛徒告密走漏了消息，遭到官府的袭击，齐林和一百多个同伴被杀害。齐林被清政府逮捕后处死时，王聪儿藏到了襄阳郊外的青莲庵中，幸免于难。他目睹丈夫和同伴的惨死，她决心要给丈夫和牺牲的同伴们报仇，就和齐林的徒弟姚之富一起，重新整顿队伍，决心与清政府斗争到底。

王聪儿被齐林救下后也加入了白莲教。

白莲教起义

1796年2月，年仅20岁的王聪儿剪掉了一头青丝，身穿素白衣服，执鞭跨马，她决心继承丈夫的遗志，继续举起义大旗造反，推翻大清王朝。她很快获得教众的拥护，并被推举为白莲教的"总教师"。由于她年轻美丽，老百姓还送了一个美丽的称呼——白衣芙蓉花。

嘉庆元年，白莲教徒在湖北宜都、枝江等地起义。同时，四川、陕西的白莲教也起兵响应。起义的火焰在三省广大地区蔓延开来，一些贫民、流民、都参加了起义队伍。为了方便指挥，起义军以黄、青、蓝、白四色为号，分成八路大军。因为王聪儿武艺高强，有勇有谋，被推举为统帅。王聪儿带领三路人马，从湖北打到河南。王聪儿和姚之富领导的襄阳义军与其他各支义军不同，他们并不把力量放在攻城掠地上，从一开始就在汉水以东的广大地区流动作战，而且组织严密，纪律严明，有自己的政治主张，加上指挥有方，作战勇敢，所到之处狠狠地打击了官府，惩办了贪官污吏，并开仓放粮，救济贫苦百姓，深得劳苦大众的拥护，队伍很快得到发展壮大。

嘉庆帝一看起义军声势越来越大，慌了手脚，连忙命令各地的总督、巡抚、将军、总兵等大小官员，派出大批人马镇压。可是那些大官、将军们只知道贪污军饷，不懂得怎样打仗，在交战中处处背动挨打。

起义军打起仗来不但勇敢，而且机动灵活。他们在行军的时候，不整队，见了官军不正面迎战，不走平坦大道，专拣山间小路走，找机会袭击官军。他们又把士兵分成许多小队，几百人一队，有分有合，忽南忽北，把围剿他们的军官弄得晕头转向，疲于奔命。清军害怕在流动战中被消灭，只得合兵尾随，观望避战。王聪儿的起义军在湖北、河南、陕西流动作战中多次打退了官军，在第二年便与四川的起义军会师。

嘉庆元年，白莲教徒在湖北宜都、枝江等地起义。

智过白帝城

襄阳起义军在四川会师不久，清军的主力部队立即追了上来。王聪儿为回师湖北，留下七路义军在四川分散活动，然后自己率领"襄阳黄号"向川东的开县、云阳、万县等地挺进，兵锋直指夔州、奉节等地，吸引清兵主力。回师湖北，必定要经过白帝城。白帝城坐落在白帝山上，地势险要，只一条名叫马岭的小道可通。清廷为阻止义军再入湖北，慌忙指令明亮、德楞泰派四川总兵达音泰率部到白帝城堵截。义军要想通经过白帝城是非常困难的。但姚之富、王聪儿率起义军到白帝城后，决定不强攻，而要智取白帝城。他们先把起义军主力埋伏起来，然后派出一支小部队做出强攻白帝城的样子，而后做出不敌的样子，吸引清军的主力部队出关。清军不知是计，仗着地势险要，刚一交手就猛杀过来，义军边战边退，一路将清兵引入埋伏圈，立即将达音泰部团团包围。王聪儿采取速战速决的战术，命令义军分三路同时进攻清营。起义军将士轮番作战，皆持盾以捍，失铳不退，入夜则点起火把，进行夜战。经过两昼夜的激战，起义军终于突破了清军防线，通过白帝城，顺江而下迅速挺进湖北。

清军主力水陆追击入楚。王聪儿等又采取了广布疑阵、迷敌耳目的战术，把起义军分为两路，一路由王廷诏率领，神出鬼没地出现在巴东县长江对岸的石门，声言欲南渡进攻县城。明亮等信以为真，赶紧率兵回师防守。当他们复战王廷诏时，突然发现姚之富、王聪儿等率起义军主力两万余人已向兴山、保康、南漳等地远扬，清军的阻击计划遭到了彻底的失败。这次战役，充分显示了"襄阳黄号"在襄阳起义军中的主力军作用和姚之富、王聪儿的军事指挥才能。清统治者对他们怀有极大恐惧和仇恨，嘉庆帝甚至认为，"若得生获姚之富、齐王氏，则功成八分"。

从这次战役起，由于"总教师"的地位及军事指挥才能的显露，使王聪儿的名字在官方文书中频繁出现，甚至把她看做是超越姚之富之上的"首逆"了。从此，她的声望、威信和地位在襄阳起义军中日趋提高。王聪儿、姚之富率起义军欲从南漳到襄阳，中途受到清总兵王文雄的狙击。起义军遂"佯退，次日复背道分进，由宜城、钟祥北走襄樊"，接着又向房县、竹山一带山区进军，八月，击毙前来围剿的清副都统丰仲布以下数百名官兵。王聪儿本想把清军由房县、竹山一带引向鄂西北老林地区，然后乘机渡过汉水，但因汉水两岸有清军重兵防守，只得改变计划经竹山、竹溪，于九月进入陕西。

王聪儿不死

嘉庆三年二月，王聪儿、姚之富率领两万多起义军由陕西西乡、洋县渡汉水，北上攻下邠县、盩厔（今周至）。接着，王聪儿命令李全带领一支先头部队直逼西安，寻找返回河南的道路。这一行动，把陕西巡抚秦承恩吓破了胆。他急忙闭城，可惜，李全部在西安近郊焦家镇坭（鸽）子村与清军王文雄部交战失利。根据这个情况，王聪儿决定回师陕东南，率领起义军来到山阳石河铺一带，准备向东杀回湖北。这时，清将明亮、德楞泰紧追不舍，也来到石河铺。为防止义军返回湖北、河南，明亮等派赛冲阿和温春、爱星阿各带兵一千分赴高坝店、漫川关堵截，明亮等则带兵四千由黄陇铺、宽坪，向漫川关兜剿，对王聪儿等形成三面夹击之势。三月初五日，当明亮等到达宽坪之时，正值起义军三路向

白帝城坐落在白帝山上，地势险要，只一条名叫马岭的小道可通。

一代女英雄为反抗封建统治而流尽了最后一滴血，近万名起义军战士为此也都献出了自己的生命。

莲花池一带进发。明亮、德楞泰亲带清军，亦分三路追剿。起义军"排列左右两山，并山脚大路，分头抗拒"。德楞泰率部从大路截杀，明亮、达音泰等分别抢占左右山梁。起义军施放火枪进行抵抗，经过激战之后，转到尖河口，编为二队，一队向两河口，一队向漫川关，但分别被赛冲阿、温春等截回，改向西南甘沟一路进发，清军追击了一百七十余里，双方损失都很惨重，"百余里之内，尸横遍野"。由于起义军行动迅速，德楞泰连夜催促，集结兵力，又令郧阳知府王正常、郧西知县孔继干募集乡勇，前来围剿。德楞泰咬牙切齿地传令清军务要生擒，以便押解回京请赏。王聪儿知道最后的时刻已经到来，至死不降，她"率妇女十余人，从西面投落陡崖"。姚之富亦向悬崖跳下，壮烈牺牲。一代女英雄为反抗封建统治而流尽了最后一滴血。近万名起义军战士为此也都献出了自己的生命。

王聪儿虽然牺牲了，但她仍然活在人民的心中，在她战斗过的地方，人们编出许多歌谣、故事、传说，代代相传，歌颂着女英雄的不朽业绩。据湖北省郧西县的调查材料，有一首歌谣写道："齐王氏真胆大，刀枪矛子都不怕。一心要过大小坝，杀条血路进四川。联合兄弟杀进京，阎王殿上打一仗，杀得鬼神也心惊。"歌谣唱出了广大劳动人民对她的持久怀念与崇敬。